男生，我大声对你说

毕淑敏 著

中国青年出版社

目 录

第一辑 飘扬的长发与人生的幸福

痛则大悲，喜则大笑，只要是从心底流出的对世界的真情感，都是生命之壁的摩崖石刻，经得起岁月风雨的打磨，值得我们久久珍爱。

第二辑 成千上万的丈夫

爱是比天空和海洋更博大的宇宙，在那个独特的穹隆中，有着亿万颗爱的星斗，闪烁光芒。

第三辑　为自己建立快乐的生长点

人生总是有灾难，其实大多数人早已练就了对灾难的从容，我们只是还没有学会灾难间隙的快活。我们太注重让自己警觉苦难，我们太忽视提醒幸福。

第四辑　你的身体里必有一颗成功的种子

在每个人的生命里，都有一个关于创造的秘密等待着被发现，那将是你的第二次诞生。你一定要相信，在你的身体里有一颗种子，焦灼地盼望着阳光。

目 录

第五辑　孤独是一种兽性

无论表面上我们如何伤痕累累，一蹶不振，破败不堪，我们依然是有价值的，这个价值与生俱来，除了你自己，没有任何人可以让你贬值。

第六辑　改变在电光石火间

没有一片叶子是相同的，人也一样，这不同之处就在于我们的心灵。生命如此百媚千娆，用生命点亮生命，用生命擦拭生命，用生命拥抱生命，都是美好的事。

第一辑

飘扬的长发与人生的幸福

痛则大悲，喜则大笑，
只要是从心底流出的对世界的真情感，
都是生命之壁的摩崖石刻，
经得起岁月风雨的打磨，
值得我们久久珍爱。

男女眼中的玫瑰花

通常有恋爱中的男生说，不明白为什么女朋友为了一句话或是一件小事，就吵吵嚷嚷地要分手，或是采取冷战策略，来个不理不睬。

有一次，我在心理诊所接待了一个因为失恋而抓耳挠腮的青年男子，名叫小耕。小耕开门见山地说，我到您这里来，不是为了解决自己的心理问题，只是想请教一下，我采取什么方法才能让女生回心转意。或者说，我不想和您说我自己心里想的是什么，因为我是怎么想的并不重要，重要的是她心里想的是什么。如果您也不知道，您就要帮我猜一猜，她的心思到底是什么。

我看小耕气急败坏、语无伦次的样子，说，她是谁？

小耕说，咱们就叫她乔玉吧。

我说，小耕，你先不要急，把情况慢慢说清楚。

小耕和乔玉是一对恋人。在情人节前很久，小耕就答应那一天会给乔玉一个惊喜。乔玉向往地说，你会给我九十九朵玫瑰吗？送到我们公司来，让我也享受一次众人瞩目的光

彩！还没等到小耕回答，乔玉又改变主意了，说，算了，我不要那么多了。九十九朵玫瑰太奢华了，只要九朵就好了，不过，一定要包装得特别漂亮啊！小耕满口答应，他虽然出身农村，但现在是一家很大的公司的主管，收入相当不错。

小耕工作很忙，之前没有预订玫瑰。到了 2 月 14 日那天，没想到玫瑰花价格疯涨。小耕觉得不值，就没有买。到了傍晚，花房快打烊的时候他才去买的。他心想反正也是烛光下的晚宴，花只要是红的，包在朦胧闪光的花纸中，看起来都是一样的。他们已经到了谈婚论嫁的节骨眼，他想把每一分钱都节省下来，花在刀刃上，何必被华而不实的花贩子宰呢！

焦急地等了一天的乔玉，终于等来了九朵打蔫的玫瑰花。她火眼金睛，一下就看出小耕买的是处理玫瑰。她还算顾大局，当着众人什么也没说。一出了众人的视线，乔玉立刻把花儿扔到了地上，大发脾气，踩着花瓣说自己望眼欲穿等来的却是这种货色。那么，在小耕眼中，自己肯定也是处理品，他们的爱情也是处理品，都不配享用上等的玫瑰。她说他这样吝啬，以后的日子肯定没法过了。

小耕无限委屈地说——我无论如何都想不通，那么多山盟海誓，就抵不过玫瑰有点枯萎的花瓣吗？！况且，一般人根本看不出来，她却要这样无限上纲上线。我也非常伤心，也很生气，心想罢了，像这样小心眼、爱计较的女生，不要了也罢！但这几天我思来想去，觉得她真是做妻子的最佳人选，很想挽回。我的初步打算是：找海南岛的一家五星级酒店，订下面朝大海的总统客房，让那边把房间钥匙先送过来。然后我在这边订下两张机票。当这些步骤都完成以后，我就用快递把房间钥匙和机票一起送到她的公司，以表达我对她的真情实意。您看怎么样呢？

这表面上是一个问句，但小耕渴望听到赞同回答的表情太明显了，眼巴巴地看着我。实在不忍心给他泼冷水，可正因为出于爱护，我才要讲实话。

我尽量把语速变慢，让他能有个思想准备。我说，请原谅我，我觉得你这个方案不怎么样。

他恼火起来，说，你们女人怎么和我们男人想的就是不一样！

我不计较他的态度，说，首先，一朵玫瑰花，在你的字典里代表着什么？

小耕想也没想就回答说，玫瑰就是玫瑰，一朵花而已。现在的小女生赋予了玫瑰那么多浪漫和想象，其实都是瞎掰。花就是花，无知无觉，开上一两天就谢了。什么九十九朵玫瑰代表爱情天长地久，全是商家编出来骗人的鬼话，谁上当谁是傻瓜！

我说，我能理解你对玫瑰花的定义。说实话，我很有些赞成你的意见呢。花就是花，很简单。

小耕得到了支持，情绪缓和下来，说，务实的人，都持这种看法。

我说，你的女朋友是怎样看待玫瑰花的？

他说，我知道，在这以前，乔玉说过很多次了。她说，玫瑰花代表着爱情的信物，一个女孩子，要是在谈恋爱的时候都没有得到过满捧满怀的芬芳玫瑰，就是枉做了一世女子。

我说，你不是说乔玉是做妻子的上好人选吗？如果她天天要你送玫瑰，我看也很靡费呢。

小耕听了老大不乐意，突然与我反目为仇，说，不允许你这样讲乔玉。她其实是很会过日子的女孩子，只不过要在恋爱的时候要点情趣。

这结果，正中我意。我说，对啊。玫瑰花在你的字典里和在她的字典里，是完全不同的含义。玫瑰花盛开在不同的字典里，你觉得那只是一朵普通的花，她却把自己的理想和价值都寄托在里面了。

我说，女子喜爱花，其实历史悠久。远古时代，人们逐水草而居，靠天吃饭，生活很没有保障。如果在住所附近看到了花，就等于看到了希望。因为花谢了以后，就会有果实慢慢膨大起来，再等一些时候，就到了收获的时节。所以，在女人的记忆深处，对花的喜爱，是一种安全和务实的需要。只不过由于时过境迁，大家已经忘记这其中的传承，只记得看到花时那种单纯的欢喜。一般的花，如果美丽，就没有香味，如果有醉人的香气，花瓣就微小暗淡，两者都占全的很少。这也是来自植物的本能，它们要吸引昆虫，要借助风势，才能传播自己的花粉，繁殖后代。通常只要一种手段就够了，花们也就懒得又美丽又芬芳。玫瑰是一个例外，它美艳馥郁，于是被人们挑选来做了爱情的使者。

人的生活中，需要偶尔的浪漫和奢侈，这也是生命因此有趣和值得眷恋的理由。我觉得，爱情中的人们有资格稍微浪费一点，因为这种时刻毕竟不多啊。

小耕想了想说，我明白了，原来她在玫瑰上寄托了自己的尊严，我买了处理的凋零玫瑰，她就觉得我刺伤了她的尊严。可是，我不是决定改正了吗？我订了豪华客房，表示我不是一个小气鬼。我用特快专递的钥匙和双人机票表示了歉意，用实际行动来响应她的浪漫主张，这不就挽回了吗？

我直截了当地回答他，此招恐怕不甚可行。理由是：乔玉觉得在玫瑰花上丧失的是尊严，已经表示和你绝交。现在还没有达成谅解，你就直接寄双人机票给她，这又一次说明你没有尊重她的选择。所以，别看你花了那么多钱，很可能适得其反呢！再有，你说她是个会过日子并不奢靡的女孩，你租了总统客房，以为能讨得她的欢心，这样她就会认为你断定她是个奢华虚荣的女子，我想她也不会乐意。所以，这很可能是一个事倍功半的馊主意。

听我这样一说，小耕有点急了，说这也不行，那也不成，我可怎么办呢？

我说，小耕，你不要着急。办法就在你手里，不妨再想想看。我就不相信，恋爱中的人还能想不出和解的法子？你一再说她是个通情达理的女孩，那么，这件事还是有希望的。

小耕想了半天，说，我要郑重地向她道歉，说我从今以后会非常尊重她的意见和想法。如果是我承诺的事，就一定做到。如果我有另外的建议，就一定当面向她提出，再不会先斩后奏、一意孤行。

我说，试试吧。预祝你好运气！

小耕走了。

其后的某一天，我收到了速递来的一袋喜糖，喜袋上用透明胶纸粘了一朵粉红色的玫瑰花。我想，这就是故事的结局了吧。

飘扬的长发与人生的幸福

接到一封读者来信，是一个名牌大学的男生写来的。他说恋爱过程连战累挫，女友抛弃了他，他很痛苦，简直丧失了活下去的勇气。他问我拯救自己的方式是否是马上进入下一场恋爱。以前的每一位女友都有飘逸的长发，都是一见钟情。他说，我还要找一头长发的女孩，还要一见钟情。

他谈到了一个我不能同意的救赎自我的方法，我想对长发谈点看法，因为长发对他成了一种绝望与新生的象征。

早年间，看到很多女孩留长发，司空见惯了，也不去寻找这后面所包含的信息。后来，我偶然发现一位已婚女友的发式常有变化，有时是长发，有时是短发。刚开始我以为这是她出于美观或是时尚的考虑，后来她告诉我这和她的婚姻状况有关。如果这一阶段与她的丈夫关系不错，她就梳短发；如果关系很僵，她就留长发。我说，哦，我明白了，头发和爱情密切相关。她笑话我说，亏你还是个作家呢，难道不知头发是人的第三性征？

后来，我见到她稳定地梳起了马尾巴。说实话，那一头飘扬的长发（她的头发不错），和她满脸的皱纹实在是有些不相宜。好在我明白了头发的意义，对她说，你是下定了离婚的决心，要重新寻找新的伴侣了。

她有些惊奇，我还没来得及告诉你，你怎么就知道了？

我说，是你的头发出卖了你。她抚摸着头发说，这是爱情的护照。

从那以后，我就对长发渐渐地留意起来。

女性头发的样式表示她的婚姻状况，这是一种集体无意识，已经深深地刻在我们的骨骼上了。女孩子为什么要留长发？首先因为一个人的头发是一个很好的晴雨表，可以反映这个人的健康状况。在中医学里，称“发为血之余”。一个人的头发是否健康，表示着他的血脉是否丰沛充盈，生命力是否蓬勃旺盛。服饰可以调换，颜面可以化妆，但一个人的头发，是不能全面颠覆的。血自骨髓来，骨髓是一个人先天后天的精华之府。在骨髓的后面站着——肾，“肾主骨生髓”，这才是关键所在。众所周知，在东方人的文化中，“肾”并不仅仅是一个泌尿器官，而是和人的生殖系统有着极为密切的关系。

好了，现在我们已经逐渐捅到了问题的核心。长发在某种意义上，表达的是这个人“肾”的健康状况，也就是间接地反映着他的生殖潜能。当你以为只是展示你飘扬的长发的时候，你其实是在暴露你的健康史。

所以，一般说来，未婚的和期望求偶的女子，爱留长发。如果一个未婚女孩梳个短发，大家就会说她像个“假小子”。女子在结婚的时候，会把头发来一个改变，正如那首著名的歌曲中唱到的：“谁把你的长发盘起，谁给你做的嫁衣？”

如今，对女子头发的要求，是越来越苛刻了。君不见某些品牌的洗发水广告，拍出的长发美女，那头发的长度已经到了一挂黑瀑的险恶境地。画面曲折表达的意思是——你想赢得性感高分吗？请向我看齐。潇洒到形销骨立的刘德华干脆说：我的梦中情人，一定要有一头乌黑亮丽的长发。潜台词即是：你想成为著名歌星的梦中情人吗？此处有一个绝好的机会——请用我们这个牌子的洗发水吧！

这种要求渐渐全方位起来。比如当年的男性歌手组合“F4”的走红，除了种种因素之外，我觉得和他们形象中的一头长发有相当的关联。不单男性需要知道女性的健康和性征资料，女性也有同样的要求。女性潜在的平等诉求被察觉和被满足，于是“F4”的蓬松长发油然而生并一炮而红。

不厌其烦地就头发讨论了半天，是想说明“性”这个因素是仅次于“食”的人类基本本能之一，它的影响力不可低估。它在很多时候，渗入到我们生活的种种缝隙中，以“缘分”甚至是“思想”这类面孔闪亮登场。

再来说说一见钟情。我是医生出身，见过若干关于“一见钟情”的生物学分析。在那些神话般的境遇之中，很可能是男女双方的体味在相互吸引，要么就是基因的配型有着某种契合，还有免疫互补……甚至，童年经验也在润物细无声地影响着我们。不要把“一见钟情”说得那么神秘，那么不可思议的权威。我们不是生活在真空，很多以为虚无缥缈的事件背后，有着我们今天还不能彻底通晓的物质基础。

在我们以为是天作之合的帷幕下，有时埋伏着的不过是人的本能这个老狐狸。我在这里绝没有鄙薄本能的意思，但作为主人，知道有乔装打扮的本能先生混在客人堆里一个劲儿地劝酒，觥筹交错时就要提防酩酊大醉，以防完全丧失了理智，被本能夺了嫡。

本能这个东西很有意思，魔力就在于我们能否察觉它。它习惯在暗中出没，魔法无边。我们被它辖制而不自知，它就是君临天下的主宰。但是，如果把它揪到光天化日之下，它就像雪人一样瘫软乏力。

假设那位来信的男生，知道了他期望找到一位长发女友这一先入的标准，不过是要查询和检验一个女子的生殖系统潜能和最近若干时间以来的健康状况，那么，他在考虑长发因素的时候，可能就有了更多的角度和更宽容的把握。

本能是很会乔装打扮的，它不狡猾，但它善变。能够识出它的种种变相，不仅要凭一己的经验，也要借助他人的心得和科学的研究。

如果有人现在对那个男孩子讲，你选择女友的标准只是看她如何性感，我猜他一定要反驳，说根本就不是那样浅薄，我们情投意合，我们非常默契，我要找的就是和她在一起的这一份独特的感觉……

其实在婚姻这件事上，绝对的好或是绝对的坏，大约是没有或是极少的，有的只是常态，只是平衡，只是相宜。单凭某个孤立的条件来寻找爱人，只怕是不够成熟的表现。你是一个什么人，你可要先认清，才好去寻找一个和你相宜的人。我很喜欢一个词，叫作“志同道合”，人们常常以为这句话是指事业，我觉得写予婚姻更妙。

有的年轻朋友会说，我找的是伴侣，火眼金睛地把对方认清了不就得了，干吗先要从自己开刀?

理由很简单。忠诚的人只能欣赏忠诚，而不能欣赏背叛。诚恳的人只能接纳诚恳，而不能接纳谎言。慷慨的人可以忍受一时的小气，却不会喜欢长久的吝啬。怯懦的人可以伪装暂时的勇敢，却无法在无尽的折磨中从容。谁想用婚姻改造人，只是一个幻彩的泡沫，真实只能是——人必然改造婚姻。

恋爱、婚姻是一个寻找对方更是寻找自己的过程，你整个的价值观和思想体系，都在这种亲密无间的关系中得以延伸和凸显。

如果你把金钱当作人生的要素，你就不要寻找一个侠肝义胆的爱人。因为你即使在危难中曾受惠于他，但那是他的禀性，而非对你的赞同。当有一天你祭起“金钱至上”的大旗，无论你怎样娇姿百媚，还是挽不回壮士出走的决心。

如果你荆钗布裙安于寡淡，就不要寻找一个鸿鹄千里的爱人。即使你以非凡的预见知道他会直抵云天，也不要向这预见屈服，把自己的一生押了出去。否则他的翅膀上坠着你，他无法自在遨游，你也被稀薄的空气掠得胆战心惊。

如果你单纯以色相示人，就要准备在人老色衰的时候被厌恶和抛弃。如果你喜欢夸夸其谈，你就等着被欺骗的结局吧。

物以类聚，人以群分。失恋男生喜欢长发和一见钟情，他就不断地被这些吸引。他把恋爱当成了一道算术题，当一个答案打上红叉的时候，他赶忙用橡皮擦掉笔迹，在毛糙的纸上写下另一个答案，殊不知他早已将题目抄错。

不要把长发当成唯一,一见钟情也没有什么神秘。我手头就有若干个例子，某些离散的婚姻，往往始于绚烂无缺的开端。比起开头来，人们更重视过程和结尾，这就是“创业难，守成更难”，这就是“行百里者半九十”的含义。

我在一个有鸟鸣的清晨给这位男生回信，因为我已心境沧桑，而对方是一位青年，人在清晨的时候心脉比较年轻。我说，不要把人生匆匆结束，不要把恋爱匆匆开始，你把一件事做完再做另一件事好吗?

他很快给我回了信。他说，不是我没有做完，而是事情已经被女友提前结束。我复信说，为了你一生的幸福，你要把爱的前提好好掂量，为此花费一点时间是值得的。没想清楚之前，旧的就不算真正结束。我明白你想用新鲜替代腐烂，想把新发丝黏结在旧发丝上让它随风飘扬……可你见过馊了的牛奶吗？如果你不把馊奶倒掉，不把罐子刷洗干净，便把新牛奶倒进去，那么，只怕很快我们就又要捂起鼻子了……

他已经久未来信了。我不知他是生我的气了，还是已酝酿了清新的爱情？

蝴蝶盾

江南。雨雪迷蒙的早春。傍晚。小城。远远的红灯。

我离开寄住的招待所，好奇地向那盏红灯走去。几晚了，从窗口望见它，如一只椭圆形的红蚕豆，在江南嫩绿的空气中孤悬。尤为奇怪的是，灯火下飘着一些斑驳的影子，若彩色的巨蚊，翩翩翻转，又不曾片刻飞离。

近了，看到一个细弱的小伙子，蹲在灯下，用剪刀劈开粉色的绸带，三缠两绕的，一朵小小的莲花，就在指尖亭亭玉立地绽开了，好像他的手，是埋在池塘里的一段藕。

再看蚊形巨影，不禁哑然失笑。那是小伙子用各色绸带编织的小物件，翡翠色的螳螂，巧克力色的蚂蚱，橘红色的龟，冰蓝色的玫瑰……一律以丝线穿了，吊在灯下的铁丝上。这些美丽的幌子，随每一阵微风，幽灵般起舞。破碎的雨滴，洒在它们的翅膀、脊背和花瓣上，像抹了露水似的，彩亮动人。

我说，卖的吗？

他抬起头。一双被夜熬红的眼。

卖的啊！买一只吧，多好看啊。除了挂着的这些，我还会编好多别样的，天上飞的，地下跑的，只要你叫得出名，我都编得来。

他望着我，很快地说，手不停操作，盲人按摩师一般娴熟。

我本打算看了端的就走的，这下反而不好意思，想了想说，编一只凤凰吧。

不知为什么，他却踌躇了。好在只是片刻间的犹豫，马上接了问，什么色呢？

红的吧。我说，想起涅槃，火和再生什么的。

红的不好看，像烧鸡。他很坚决地否定，并不怕因此驱走了顾客。

青色吧。青鸟，很吉祥的。他权威地决定，不待我表态，十指翻飞地操作起来。

先是裁绸带，烧饼大的绸带卷，在小伙子手中无声地流淌着，渐渐缩小如贝。啊嗬，一只凤凰要用这么长的绸带啊！我惊讶着，嘴边不敢动静，怕惊动了他手心渐渐成形的生命。

十分钟后，一只蟹青色凤凰诞生了，骨架很魁梧，尾羽却不够丰满，嶙峋模样，令人忆起乌鸦。

我付了钱，然后说，小伙子，可惜没我想象的好。

他收拾着残屑很镇定地说，那你再买一只别的吧。凤凰不容易讨好，世上本没有的东西，每人心底想的都不一样。实实在在的，比较好办。

我说，那好，这回我改要蝴蝶。

他突然愣了，问，你是从外地来的吧？

我说，是啊。

他说，此地人都知道，我是不编蝴蝶的。

我纳闷，说，蝴蝶很难吗？我看比蜻蜓和猫什么的，容易多了，你刚才还天上地下地夸口呢。

已经入夜了，周围很寂静，没有主顾。薄薄的雾丝掠过灯笼的红光，像拭不净的血色玛瑙。那些悬挂着的绸制精灵，突然在某个瞬间一齐停止摆动，好像被符咒镇住了，不动声色地倾听。

他接着问，你是马上就要离开吗？

我说，明天一大早。

他下了很大决心似的，说，破一次例，卖你一只蝴蝶吧。

他也不再征询我对颜色的意见，思索着，径自施工。绸带卷沙沙滚动着，用料之多之杂，几乎够编一头斑斓猛虎。

他边编边说，家乡多棕榈，人人都会用叶编些好玩的东西。后来到外闯荡，人小力单，总也挣不到钱。突然看到城里人用作捆扎礼品的绸带，和棕榈叶差不多，就琢磨用它编物件。绸带软滑，很多编法都需另创。优点是颜色多，耐保存。现代人如今喜欢手工制品，他走南闯北，生意不错。

常想，全中国编这东西的，就我一个人吧？也许，该到北京申请个专利。

小伙子结束谈话的同时，完成的蝴蝶也递到我手里。

这是我生平所见最为精致的编制物，身肢纤巧，探须抖颤，好像刚从卷心菜畦受惊起飞。翅膀色彩鬼魅般绮丽，镶有漆墨般的黑点，如同一排豹睛，若有所思地注视着孤寂清冷的世界。

我失声道，这么艳的蝴蝶，能抵十只凤凰！

小伙子诡谲一笑，说，它的价钱比这要贵得多。

我吓一跳，忙说，啊呀，那我就买不起了。

小伙子忙解释，收您的，不会那么多，与凤凰同价。

我定下心，又问，那你为什么不多编些蝴蝶？

他说，多了，就不值钱了。三个月前，我刚到这里，原想住住就走的。此地不大，喜欢小玩意儿的人必也有限，打一枪就转移，流动作业呗。记得也是这时分，来了一个男人，两天前，他买过我的货。这趟劈头问，你能编多少种蝴蝶？我说，没算过，大约……总有……几十种吧。

他说，我用大价钱收你的蝴蝶。条件是，蝴蝶不得重样，不许给别人编，每日一只，一共百天。

我就在这儿住下了。除了摆摊，就是每天早上供应那男人一只蝴蝶。刚开始并不难，照我以前编过的花样，做给他就可交差。一月之后，渐渐有些吃力了。日日都要设计出新图谱，夜里想得脑仁开锅。我用各种颜色的绸带搭配翅膀，镶上奇异的条纹和斑点。在身躯和蝶须上大变花样……有时真恨蝴蝶为什么没有八只翅膀四条须，那么做文章的篇幅可翻多一倍。终于有一天，我对他说，老板，我不想再给你一个人编蝴蝶了，我要走了。男人落下泪来，说他在苦苦追求一个女孩，每天都给她送花。女孩刚开始连

看都不看，就把花抛掉。后来他偶尔附了一只从我这里买的蝴蝶，没想到那女孩就收下了花。为了每天得到一只奇异的蝴蝶，女孩一直同他交往，并说如果能集到一百只不重样的蝴蝶，就答应嫁他。男人说完，又把蝴蝶的价码加倍，并许事成之后，给我更多的钱。他说，蝴蝶就是老婆，千万别让她飞了。

我又留下来了。到今天为止，共编了八十九只蝴蝶，还有十一只就满百数之约。每当我煎熬心血编出一只前所未有的蝴蝶时，总在想，那个得到这只蝴蝶的女孩，究竟是谁？长得什么样？她若真是喜欢我的蝴蝶，在有月亮的晚上细细端详，也许能猜破我编进蝴蝶翅膀花纹中的心思。

我想问她，她爱的究竟是人还是蝴蝶？为什么女人总想用某种东西，考验男人？还要把自己一生的幸福，寄托在一个没头脑的死物件上呢？即使那样东西再宝贵，再难寻找，某个男人费尽心机为你找到了它，就是爱情了吗？要知道，你不是同蝴蝶过日子，而是同一个活人，相伴走过一生啊。

也许，我会在编满一百只蝴蝶之前，突然逃离这里。我还有十天的时间，可以来琢磨这事。如果那女孩真的爱他，即使攒不到百只蝴蝶，也会欢喜地嫁他吧？如果蝴蝶一旦没有了，女孩醒了，重新考虑自己的决定，是不是更好？我给了她一个妥善脱身的借口。

一阵夹杂雪粒的风吹来，悬挂着的彩色精灵，互相碰撞着跳起舞。我把手中纤巧的编制物，很仔细地包好，对他说，放心吧。在我没离开小城之前，不会有人看到蝴蝶。

道了别，缓缓离开。很远了，稀薄的空气还充满着淡淡的红光，从背后的方向绕过我的衣角，涌进无边的雾丝。

虾红色情书

朋友说她的女儿要找我聊聊。我说，我——很忙很忙。朋友说她女儿的事——很重要很重要很重要。结果，两个“忙”字，在三个“重”字面前败下阵来。于是，我约她的女儿若榧，某天下午在茶馆见面。

我见过若榧，那时她刚上高中，清瘦的一个女孩。现在，她大学毕业了，在一家电脑公司工作。虽说女大十八变，但我想，认出她该不成问题。我给她的外形打了提前量，无非是高了，丰满了，大模样总是不改的。

当我见到若榧之后，几分钟之内，用了大气力保持自己面部肌肉的稳定，令它们不要因为惊奇而显出受了惊吓的惨相。其实，若榧的五官并没有大的变化，身高也不见拔起，或许因为减肥，比以前还要单薄。吓到我的是她的头发，浮层是樱粉色，其下是姜黄色的，被剪子残酷地切削得短而碎，从天灵盖中央纷披下来，像一种奇怪的植被，遮住眼帘和耳朵，以致我在很长一段时间内，觉得自己是在与一只鸡毛掸子对话。

落座。点了茶，谢绝了茶小姐对茶具和茶道的殷勤演示。正值午后，茶馆里人影稀疏，暗香浮动。我说，这里环境挺好的，适宜说悄悄话。

她笑了，是骨子里很单纯的表面却要显得很沧桑的那种。她说，到酒吧去更合适。茶馆，只适合遗老遗少们灌肠子。

我说，酒吧，可惜吵了点。下次吧。

若樨说，毕阿姨，你见了我这副样子，咱们还有下次吗？你为什么不对我的头发发表意见？你明明很在意，却要装出毫不在意的样子。我最讨厌大人们的虚伪。

我看着若樨，知道了朋友为何急如星火。像若樨这般青年，正是充满愤怒的年纪。野草似的怨恨，壅塞着他们的肺腑，反叛的锋芒从喉管探出，句句口吐荆棘。

我笑笑说，若樨，你太着急了。我马上就要说到你的头发，可惜你还没给我时间。这里的环境明明很雅致，人之常情夸一句，你就偏要逆着说它不好。我回应说，那么下次我们到酒吧去，你又一口咬定没有下次了。你尚不曾给我机会发表意见，却指责我虚伪，你不觉得这顶帽子重了些吗？若樨，有一点我不明白，恳请你告知，我不晓得是你想和我谈话，还是你妈要你和我谈话？

若樨的锐气收敛了少许，说，这有什么不同吗？反正您得拿出时间，反正我得见您，反正我们已经坐进了这间茶馆。

我说，有关系，关系大了。你很忙，我没你忙，可也不是个闲人。如果你不愿谈话，那我们马上就离开这里。

若樨挥手说，别别！毕阿姨。是我想和您谈，央告了妈妈请您。可我怕您指责我，所以，我就先下手为强了。

我说，我不怪你。人有的时候，会这样的。我猜，你的父母在家里同你谈话的时候，经常是以指责来当开场白。所以，当你不知如何开始谈话的时候，你父母和你的谈话模式就跳出来，强烈地影响着你的决定，你不由自主地模仿他们。在你，甚至以为这是一种最好的开头办法，是特别的亲热和信任呢！

若樨一下子活跃起来，说，毕阿姨，您真说到我心里去了。其实，您这么快地和我约了时间聊天，我可高兴了。可我不知和您说什么好，我怕您看不起我。我想您要是不喜欢我，我干吗自取其辱呢？索性，拉倒！我想尽量装得老练一些，这样，咱们才能比较平等了。

我说，若樨，你真有趣。你想要平等，却从指责别人入手，这就不仅事倍功半，简直是南辕北辙了。

若樨说，我知道了，下回，我想要什么，就直截了当地去争取。毕阿姨，我现在想要异性的爱情，您说怎么办呢？

我说，若樨啊，说你聪明，你是真聪明，一下子就悟到了点上。不过，你想要爱情，找毕阿姨谈可没用，得和一个你爱他、他也爱你的男子谈，才是正途。

若樨脸上的笑容风卷残云般地逝去了，一派茫然，说，这就是我找您的本意。我不知道他爱不爱我，我更不知道自己爱不爱他。

若樨说着，从皮夹子里，拿出一张折叠得整整齐齐的纸，递给我。

我原以为是一个男子的照片，不想打开一看，是淡蓝色的笺纸，少男少女常用的那种，有奇怪的气息散出。字是虾红色的，好像是用毛笔写的，笔锋很涩。

这是一封给你的情书。我看了，合适吗？读了开头火辣辣的称呼之后，我用手拂着笺纸说。

我要同您商量的就是这封情书，它是用血写成的。

我悚然惊了一下，手下的那些字，变得灼热而凸起，仿佛烧红的铁丝弯成。我屏气仔细看下去……

情书文采斐然，述说自己不幸的童年，从文中可以看出，他是若樨同校不同系的学友，在某个时辰遇到了若樨，感到这是天大的缘分。但他长久地不敢表露，怕自己配不上若樨，惨遭拒绝。毕业后他有了一份尊贵的工作，想来可以给若樨以安宁和体面，他们就熟识了。在若即若离的一段交往之后，他发现若樨在迟疑。他很不安，为了向若樨求婚，他特以血为墨，发誓一生珍爱这份姻缘。

“人的地位是可以变的，所以，我不以地位向你求婚；人的财富是可以变的，所以我也不以财富向你求婚；人的容貌也是可以变的，所以我也不以外表向你求婚。唯有人的血液是不变的，不变的红，不变的烫，从我出生，它就灌溉着我，这血里有我的尊严和勇气，所以，我以我血写下我的婚约。

如果你不答应，你会看到更多的血涌出……如果你拒绝，我的血就在那一瞬永远凝结……”

我恍然刚才那股奇特的味道，原来是笺上的香气混合了血的铁腥。

你现在感觉如何？我问若樨。并将虾红色的情书依旧叠好，将那一颗骚动的男人之心，暂时地囚禁在薄薄的纸中。

我很害怕……我对这个人摸不着头脑，忽冷忽热的……可心里又很有几分感动。血写的情书，不是每个女孩子都有这份幸运的。看到一个很英俊的男孩，肯为你流出鲜血，心里还是蛮受用的。我把这份血书给好几个女朋友看了，她们都很羡慕我的。毕竟，这个年头，愿意以血求婚的男人，是太少了。

若樨说着，腮上出现了轻浅的红润。看来，她很有些动心了。

我沉吟了半晌，然后，字斟句酌地说，若樨，感谢你信任我，把这么私密的事告诉我。我想知道你看到血书后的第一个感觉。

若樨说……是……恐惧……

我问，你怕的是什么？

若樨说，我怕的是一个男人，动不动就把自己的血喷溅出来，将来过日子，谁知会发生什么事？

我说，若樨，你想得长远，这很好。婚姻不是一朝一夕的事情，每个女孩子披上嫁衣的时候，一定期冀和新郎白头偕老。为了离婚而结婚的女人，不是没有，但那是阴谋，另当别论。若樨，除了害怕，当你面对另一个人的鲜血的时候，还有什么情绪？

若樨沉入当时的情景当中，我看她长长的睫毛在急速地眨动，那是心旌动荡的标志。

我感到一种逼迫，一种不安全。我无法平静，觉得他以自己的血要挟我……我想逃走……若樨喃喃地说。

我看着若樨，知道她在痛苦的思索和抉择当中。毕竟，那个男孩迫切地需要得到若樨的爱，我一点都不怀疑他的渴望。但是，爱情绝不是单一的狙击，爱是一种温润恒远。他用伤害自己的身体来企图达到自己的目的，如果一朝得逞，我想他绝不会就此罢手。人，或者说高级的动物，是会形成条件反射的。当一个人知道用自残的方式，可以胁迫他人按照自己的意志行事的时候，他会受到鼓励。

很多人以为，一个人的缺点会在他或她结婚之后自动消失。我觉得如果不说这是自欺欺人，也是一厢情愿。依我的经验，所有的缺陷，都会在结婚之后变本加厉地发作。婚姻是一面放大镜，既会放大我们的优点，也毫不留情地放大我们的缺点。因为婚姻是那样的赤裸和无所顾忌，所有的遮挡和礼貌，都会在长久的厮磨中褪色，露出天性粗糙的本色。

……也许，我可以帮助他……若樨悄声地说，声音很不确定，如同冷秋的蝉鸣。

我说，当然，可以！不过，你可有这份力量？他在操纵你，你可有反操纵的信心？我们不妨设想得极端一些，假如你们终成眷属，有一天，你受不了，想结束这段婚姻。他不再以血相逼，升级了，干脆说，如果你要离开我，我就把一只胳膊卸下来，或者自戕……到那时，你又该如何应对呢？如果你说，你有足够的心理准备承接危局，我以为你可以前行。如若不是……

若樨打断了我的话，说，毕阿姨，您不要再说下去了。我外表虽然反叛，但内心里却是柔弱的。我没办法改变他，和他在一起的时候，我很不安全。我不知道在下一分钟他会怎样，我是他手中的玩偶。

那天我们又谈了很久，直到沏出的茶如同白水。分手的时候，若樨说，您还没有评说我的头发。

我抚摸着她的头，在樱粉和姜黄色的底部，发根已长出漆黑的新发。我说，你的发质很好，我喜欢所有本色的东西。如果你觉得这种五花八门的颜色好，自然也无妨，这是你的自由。

若樨说，这种头发，可以显示我的个性和自由。

我说，头发就是头发，它们不负责承担思想。真正的个性和自由，是头发里面的大脑的事，你能够把神经染上颜色吗？

速递喜糖

来访者是两个人，一男一女，三十多岁的年纪，衣着整洁，面容平和。一般人如果有了浓重的心事，脸上是挂相的，但这两个人，看不透。第一眼我都不知道到底是谁发生了问题。

我说，你们到我这里来，有什么需要讨论的？

穿一身笔挺西服的男子说，我是大学的副教授。

端庄女子说，我是他的未婚妻。

我现在明白了他们之间的关系，可还是搞不清到底出了什么事。我看着他们，希望得到更进一步的说明。

女子满脸微笑地说，我们就要结婚了。

难道是要来做婚前辅导的吗？男子不愧是给人答疑解惑的老师，看出了我的迷惘，说，我们很幸福……

我越发摸不到头脑了。一般来说，特别幸福的人，是不会来见心理咨询师的。这就像特别健康的人，不会去看医生。

女子有些不满地说，我们并不像外人看到的那样幸福。的确，我们是在商量结婚，但是如果他的问题不解决，我就不会和他结婚，这就是我督促他来看心理医生的原因。现在，我们到底能不能结成婚，就看在您这里的疗效了。

我还是第一次碰到这样棘手的问题——一对男女，到底结得成婚还是结不成婚，全都维系于心理医生一身，这也太千钧一发了吧？我说，我会尽力帮助你们，但是，首先让我们搞清楚到底出了什么问题。

副教授推了推眼镜，对未婚妻说，我觉得这不是个问题，是你非要说这是个问题。那么，好吧，就由你来回答。女子愤愤不平地说，这当然是个问题了。要不，我们问问心理医生，看到底算不算个问题！

于是，他们两个眼巴巴地看着我。我是真让他们搞糊涂了，我被他们推为裁判，可截至目前，我还根本不知道进行的是何种赛事！

我说，你们俩先不要急。请问，这个问题，到底是谁的问题？

女子斩钉截铁地说，是他的问题。

男子说，我不觉得是个问题。

女子着急起来，说，你每个月都把自己的工资花得精光，博士毕业后工作八年了，拢共连一万块钱都没攒下来，你说这是不是个问题呢？

我还是有点儿摸不着头脑。并不是每个博士都很富有，如果他的钱用到了其他地方，比如研究或是慈善，没有攒下一万块钱，似乎也不是非常大的问题。

男子说，你说过并不计较钱，我也不是个花花公子。每一笔钱都有发票为证，并没有丝毫浪费，这怎么就成问题了？

女子说，这当然是问题了，你是强迫症。

男子说，关于强迫症，书上是这样描述的——强迫症是指以强迫症状为主要临床表现的神经症。患者知道强迫症状是异常的，但无法控制、无法摆脱，临床上常表现为强迫观念、强迫意向、强迫行为。如强迫计数，即不由自主地计数。强迫洗手，即因怕脏、怕细菌而不断反复地洗手。强迫仪式动作，即以一种特殊的动作程序仪式性地完成某些行为……要知道，我没有犯其中任何一条。副教授滔滔不绝。

在心理诊室常常会碰到这种大掉书袋的来访者，他们的确是看了很多书，但还是对自己的问题不甚了了。

我说，我不知道自己理解得对不对：未婚妻觉得自己的未婚夫是强迫症，但是，未婚夫觉得自己不是，是这样吗？

两个人异口同声说，是的。

我说，你们谁能比较详细地说一说到底是什么症状。

女子说，我和他是大学同学，那时候，他好像没有这种毛病。中间有几年音信全无，大家都忙。最近同学聚会又联络上了，彼此都有好感，现在到了谈婚论嫁的关头。我当然要详尽地了解他的经济基础怎样了。我不是一个见钱眼开的女人，但要和一个人过一辈子，他的存钱方式、花钱方式，也是我必须明了和接受的现实状况。没想到，他说自己几乎没有一分钱存款。我刚才说不到一万块钱，还是给他留了面子。我们都在高校里当老师，谁能拿到多少薪酬，大致是有数的。我知道他父母都过世了，也没有兄弟姐妹，这样就几乎没有额外花钱的地方。而且，他不抽烟不喝酒，连这种花销也节省下了。那么，钱到哪里去了？我设想了几种可能，要么是他资助了若干个乡下孩子读书，如果是这样，结婚以后，就还要把这个善举坚持下去，不

能虎头蛇尾，只是规模要适当缩小。要不他就是在暗地里赌博，把钱都葬进去了。我再想不出第三种可能性了。我问他，他说，关于希望工程那方面，他还没有那么高尚，只是在单位捐款的时候出过一些钱，并没有长期的大规模资助活动。关于赌博，他说自己没有那样的恶习，谦谦君子洁身自爱，要我相信他。我说，这也不是，那也不是，钱到哪里去了？他淡淡地回答，钱都请客了。我说，你也不是开公司的，也不是公关先生，为什么要老请客呢？他说，他也不知道，就是喜欢大伙儿热热闹闹地在一起吃饭。我说，吃就吃呗，轮流坐庄。他说，没有什么轮流坐庄，也没有 AA 制，凡是有他出席的饭局，一概都是他埋单。这样日积月累下来，就不是一个小数目，几乎把他的家底都耗费光了……

总算理出了一点儿头绪。我问副教授，是这样的吗？

副教授说，完全正确。这些年来，我是一个酷爱请客的人。不管是同学同事，还是朋友助手，甚至是萍水相逢的人，只要是到了饭点，我就不由自主地想请人吃饭。还不能凑合，不能到街边的大排档或是小店一碗面几个小菜就打发了，一定要到像模像样的馆子，正儿八经地坐下，铺上餐巾，倒上茶水，大张旗鼓地进餐……而且，一定要由我来结账。如果不是我结账，我会非常痛苦不安，觉得自己对不起人，没有尽到职责。您想想，现在吃饭也两极分化了，稍微上点儿档次的馆子，笑眯眯地宰你没商量，所以在这方面的花销积累起来，就不是一个小数字。特别是近年来水涨船高，我请人吃饭上了瘾，请的人越来越多，饭店的档次越来越高，这样就像一个无底洞，每月发的工资，加上我的稿费，还有补助费什么的，就一股脑儿地投入里面。以前是我一个人过，说不上是钻石王老五，也能算个玻璃王老五。经济上实在紧张了，就忍痛少请两顿，以不欠外债为底线。现在打算成家，未婚妻对我的这个爱好深恶痛绝，让我有所节制。可是，我改不了。只要是大家在一起吃饭，我就要埋单。如果谁不让我埋单，我就要跟他急，觉得这是对我的权利的剥夺……未婚妻说我是强迫症，要我看心理医生，说要是不医好这个毛病，就不跟我结婚了，您说这如何是好？

我恍然大悟。说真的，做心理医生也算阅人无数，以这种症状求助的，还真是头一份。开个玩笑：当时第一个反应就是——如果我身边有这样一个同事就好了，吃饭的时候就有饭辙了。

闲话少叙，面对来访者，不能有丝毫走神。我说，咱们先不说这是个什么症，不扣帽子。我们来确认一下——每月请人吃饭到了两袖清风的程度，这是不是一个问题？

女子跳起来，说，这当然是一个问题了。

男子执拗地说，我觉得这不算问题。

我一直想和这个男子单独谈谈，但贸然地让未婚妻离场，对大家都不好。于是心生一计，对女子说，既然你觉得是问题，他觉得自己没有问题，那就请他走，咱们两个单独谈谈。你看如何？女子大叫冤屈，说，我又没有问题，咱俩谈有什么用？钱包在他手里，每个月把钱花得一干二净的也是他，当然应该是他和您单独谈了。我说，好啊，那我就和他单独谈谈，请您到外面等一下。

女子离开了。当房内只剩下我和副教授的时候，我对他说，现在，我希望您非常认真地回答我的问题。这就是——一个成年男子，每个月都把自己的薪酬花光了请人吃饭，变得无法控制，婚姻又面临危机……你觉得这是一个问题吗？如果你觉得这是个问题，咱们就向下讨论。如果你觉得这不是个问题，我会尊重你的意见，送你们离开，你已经交付的费用会退还给你，天下没有人会去帮别人解决一个子虚乌有的问题。

说这些话，自己都觉得有点儿像绕口令，之后就是耐心等待。副教授愣了片刻，思忖着说，如果我一个人过下去，我就不觉得是个问题……但是，我现在要结婚了，这就是一个问题。因为婚姻是两个人的事情，还有经济压力……

承认这是一个问题，事情就有了曙光。在现实生活中，很多我们判断出有复杂问题的人，自己却浑然不觉，心理医生也只有尊重他们的选择，听之任之。毕竟这是助人自助的事业，如果本人不奋起变法，所有的外力都丧失了支点。

我说，你想改变吗？如果你不想改变，你可以保持原先的做法。若你愿意改变，咱们就继续向下进行。所有的改变都会带来痛苦和不安，如果你没有做好准备，不妨好好思考后再做决定。

我并不打算用这些话激他，而是实事求是。不想副教授在未婚妻走出去以后，仿佛换了一个人，急切地说，我愿意改变，不单单是为了婚事。一个人挣了钱，却总是在迷迷糊糊中就一贫如洗了，到了真正需要做研究、买书或旅游、买房子、买汽车的时候，身无分文，这让我很苦恼。说实话，我也用了书上写的治疗强迫症的方法，比如在自己的手腕上缠橡皮筋，一有了想请客的冲动，就拉紧橡皮筋，让那种弹射的疼痛提醒自己……但是，没有用。橡皮筋扯坏了多少根，把皮肤都绷

肿了，可我还是一边忍着痛苦一边请客……副教授苦恼地看着自己的手腕，我看到那里有一圈暗色的痕迹，看来真是受了皮肉之苦。

我说，你的意思是说自己明知故犯？

副教授说，对，我是明知故犯。

我说，那你在这种请客的过程中，一定感到很快乐？

副教授说，你猜得很对，我就是感觉到快乐，非常快乐。如果不是快乐，我何能乐此不疲！

我说，最让你快乐的是什么时候？是哪一个瞬间？

副教授说，最让我快乐的是，大家团团圆圆地围坐在一张大餐桌前，有说有笑地进餐，觥筹交错狼吞虎咽，欢歌笑语，其乐无穷。

我说，谢谢你这样坦诚地告诉我，不然，我还以为最让你快乐的瞬间是掏出皮夹子，一扬手几百上千地埋单，十分豪爽。大家都觉得你是“及时雨”宋江一样的好汉，专门接济天下弟兄。

我佯作困惑。副教授说，您这样想就大错特错了。把钱花光，不过是个表象，给人留下慷慨大方的印象，并非我的初衷。我喜爱的只是那种阖家欢乐的氛围。您知道，我的父母都不在了，也没有兄弟姐妹，所以，我所渴望的那种氛围，在通常的情况下，和我擦肩而过。大家都很忙，没有人陪着我玩，我只有自己用钱来买欢乐时光。这就是我花钱的动机。

哦，哦，是这样。我已经初步理清了脉络，原来花钱如水只为掩盖孤独，原来聚啸餐馆只为千金买乐，还要继续挖下去。

我说，为什么阖家欢乐对你如此重要？

不想，这个问题让面容持重的副教授热泪盈眶。他说，我从小就在一个革命家庭里长大，父亲母亲永远把革命看得比我重要。在我的记忆里，他们没有为我过过一次生日，也从来没有带我去过公园。甚至逢年过节的时候，我也极少在家吃饭，永远都是脖子上挂着钥匙，到大院的食堂包伙。晚上一个人睡下，因为害怕，我把家里所有的灯都打开，困得实在受不了，才迷迷糊糊地睡去。后来爸爸对我说，灯火通明太浪费电了，从此我就在黑暗中闭眼，觉得仿佛沉没到大西洋底下了，我把全家人能在一起吃顿饭看作最大的幸福。父母都在原子基地工作，后来又几乎在同一时间得了恶性肿瘤，英年早逝。他们以生命殉了所热爱的事业，却给我留下无尽的伤痛。等我念完博士之后，回顾四望，孑然一身。在这个世界上，再也没有人能够分享我的快乐与哀愁，也没有人能弥补我内心深深的遗憾和后悔。我甚至都不知道自己后悔什么，我不能改变我的父母，我也不能再做什么了，唯一可以寄托愿望的就是请一帮朋友吃吃喝喝。我知道这里面并没有多少可以肝胆相照的人，但我如痴如醉地喜欢那种其乐融融的气氛，让我恍惚回望到了童年的梦想……

不知何时，副教授已泪流满面。

我把纸巾盒推给他，他把一沓纸巾铺在脸上，纸巾立刻就湿透了。

许久，我说，其实你是在用金钱完成自己的一个愿望。

副教授说，是。

我说，你完成了吗？

副教授说，没有。当我这样做了之后，得到了暂时的满足。但曲终人散之后，是更深的孤独。我期冀下一次的欢聚，但也深深知道，之后就是更深刻的寂寞。我好像进入了一个怪圈。如果不请人吃饭，我很难受。如果请人吃了饭，我更难受。

我说，看来请人吃饭这件事并不是救赎你的好方法，且不论你是否有足够的财力支撑这种宾客大宴，也不论人家是不是都会来捧场，起码你没有从这种方式之中获得解脱。

副教授说，正是这样。

我说，如果你有一天再去祭奠你的父母，请在他们的墓前，表达像我这样的普通中国人对他们的怀念和对他们所做的牺牲的敬意。

副教授点点头说，他们为了祖国的强盛，贡献出了自己的生命。

我说，不仅仅是这样。包括你——他们的孩子，直到今天所承受的这种痛苦，也是他们所做出的牺牲。那个时代的人，忽略了对儿女的亲情，让你在一个很少有爱意流露的空间里长大。直到今天，你还在追索这种温暖的家庭氛围。我想，这既有那个时代的必然，也有你父母对你的忽略。这一切，都无法改变。如果你还心存怨怼，你可以到父母的墓前诉说，我相信他们愿意用一切来弥补对你的爱，只是这已不能用通常的方式让你感知。然后，我建议你把这一切都告知你的未婚妻，让她更深入地了解你。这不是你的失控，而是有更深层的心结。当这一切都完成之后，我觉得你还可以把事情的原委告诉你那一批常常聚餐的朋友，我相信他们也愿意和你一起分担改变。至于具体的请客频率，你也不必一下子对自己要求太高，可以循序渐进。你给自己定一个计划，一点点地减少用于会餐的费用，你看如何？

副教授很认真地想了很久，说，我看可行。

大约半年以后，我接到了副教授的电话，说，我请你吃饭。

我说，谢谢你，谁付费啊？

副教授说，当然是我。

我说，我不去吃。

副教授说，这一顿饭，你一定要吃，这是我的婚礼。

我说，恭喜你们。只是，心理医生不能和来访者有宴请这类的私下关系，我只能在远处祝福你们。

副教授说，我已经提前完成了压缩请客开支的计划，现在基本正常了。

我说，从你结婚这件事中，我猜你已皆大欢喜。

过了几天，我收到了一包速递来的喜糖。没有喜帖，也没有名字，但我知道它们来自哪里。

购买
一个希望

那年在国外，看到一个穷苦老人在购买彩票。他走到彩票售卖点，还没来得及说话，工作人员就手脚麻利地在电脑上为他选出了一组数字，然后把凭证交给他。他好像无家可归，没有什么固定的目标要赶赴，买完彩票，就在一旁呆呆站着。我正好空闲，便和他聊起来。

我问，你为什么不亲自选一组数字呢？

他说，是我自己选的。我总在这里买彩票，工作人员知道我要哪一组数字。只要看到我走近，就会为我敲出来。

我说，那你每次选的数字都是一样的喽？

他说，是的，是一样的，我已经以同样的数字买了整整四十年彩票。每周一次，购买一个希望。

我心中快速计算着，一年就算五十二周，四五二十,二五一十……然后再乘以每注彩票的花费……天！我问道，你中过吗？

他突然变得忸怩起来，喃喃说，没中过。有一次，大奖和我选的数字只差一个。

我说，那以后，你还选这组数字吗？

他很坚定地说，选。

我说，我是个外行，说错了你别见怪。依我猜，以后重新出现这组数字的概率是极低的，更别说还得有一个数字改成符合你的要求。

他说，你说的对，是这样的。

我就愣了。他衣衫褴褛面容憔悴，买彩票的钱虽然不多，但周复一周地买着，粒米成箩，也积成了不算太小的数目。用这些钱，为什么不给自己买一身蔽寒的衣服，吃一顿饱饭呢？再说，固执地重复同一组数字，绝不更改，实在也非明智之举。

我不忍伤他心，又不知说什么好，只有久久地沉默了。过了一会儿，他主动开口说，你一定很想知道那是一组什么样的数字吧？

我点头说，是啊。

他有些害羞地说，那是我初恋女友的生辰数字。每周我下注的时候，都会想起她，心中就暖和起来。

我说，那到了开奖的时候，你知道自己没中，会不会心中寒冷？

他笑了，牙齿在霓虹灯下像糖衣药片一样变换着色彩。他说，不会！我马上又买新的一轮彩票，希望就又长出来了。我很穷，属于穷人的希望是很有限的。用这么少的钱，就能买到一个礼拜的快乐，这种机会，在这个世界上，实在是不多。更不用说，那个数字还寄托着我的回忆。如果我选的这组数字中大奖，她一定会注意到的，因为那是她的生辰啊。紧接着她会好奇是谁得了这份奖金？于是就能看到我的名字。她立刻就会明白我这一辈子没有忘记她，而且我有了这么多的钱，她也许会来找我……

老人说完，就转过身，缓缓地走了。

后来，我把这个真实的故事讲给很多人听。每个人听完后都会长久地沉默，然后说，真盼望他中奖啊！

失恋究竟失去什么

一个身材高大的男青年倚在一个瘦弱的女子身上，踉踉跄跄地走进心理咨询中心。工作人员以为他患了重病，忙说，我们这里主要是解决心理问题的，如果是身体上的病，您还得到专科医院去看。女子搀扶着男青年坐在沙发上，气喘吁吁地说，他叫瞿杰，是我弟弟。我们刚从专科医院出来，从头发梢到脚后跟，检查了个底儿掉，什么毛病都没查出来。可他就是睡不着觉，连着十天了，每天二十四小时，什么时候看他，他都睁着眼，死盯着天花板，任啥话也不说。各种安眠药都试过了，丝毫用处都没有。再这样下去，就算什么病也不沾，人也会活活熬死。专科医院的大夫也没辙了，让我们来看心理医生，求求你们伸出援手，救救我弟弟吧！

姐姐涕泪交流，瞿杰仿佛木乃伊，空洞的目光凝视着墙上的一个油墨点，无声无息。

瞿杰进了咨询室，双手拄着头，眉锁一线，表情十分痛苦。

我说："睡不着觉的滋味非常难受，医学家研究过，一个人如果连续一周不睡觉，精神就会崩溃，离死亡就不远了。"

"你以为是我不愿意睡觉吗？你以为一个人想睡就睡得着吗？你

以为我失眠是我的责任吗？你以为我就不知道人总是睡不着觉就会死的吗？”瞿杰突然咆哮起来，用拳头使劲击打着墙壁，因为过分用力，他的指节先是变得惨白，继而充血发暗，好像箍着紫铜的指环。

我平静地看着他，并不拦阻。他需要一个发泄，虽然我暂时还不知道导致他失眠和强烈情绪的原因是什么，但他能够如此激烈地表达情绪，较之默默不语就是一个进步。燃烧的怒火比闷在心里的阴霾发酵成邪恶的能量，好过千倍。至于他把怒火转嫁到我身上，我一点儿也不生气。虽然他的手指指点的是我，唾沫星子几乎溅到我脸上，指名道姓用的是“你”，似乎我就是令他肝胆俱碎的仇家，但我知道，这是情绪的渲染和转移，并非和咨询师个人不共戴天。

一番歇斯底里的发作之后，瞿杰稍微安静了一点。

我说：“你如此憎恨失眠，一定希望能早早逃脱失眠的魔爪。”

他翻翻黯淡无光的眼珠子说：“这还用你说吗！”

我说：“那咱们俩就是一条战壕的战友了，我也不希望失眠害死你。”

瞿杰说：“失眠是一个人的事情，你就是愿意帮助我，又有什么用处！”

我说：“我可以帮你找找原因啊。”

瞿杰抬起头，挑衅地说：“好啊，你既然说要帮我，那你就说说我失眠到底是什么原因吧！”

我又好气又好笑，说：“你失眠的原因只有你自己知道，你要是不愿意说，谁都束手无策。要知道，失眠的是你而不是我。你若是找不到原因，或是找到了原因也不说，把那个原因像个宝贝似的藏在心里，那它就真的成了一个魔鬼，为非作歹地害你，直到害死你，别人也爱莫能助，无法帮到你。”

瞿杰苦恼万分地说：“不是我不说，是我真的不知道为什么失眠。”

我说：“你失眠多长时间了？”

瞿杰说：“十天。”

我说：“在失眠的时候，你想些什么？”

瞿杰说：“什么都不想。”

我说：“人的脑海是十分活跃的，只要不在睡眠当中，我们就会有很多想法。你说你失眠却好像什么都不想，这很可能是因为有一件事让你非常痛苦，你不敢去想。”

瞿杰有片刻挺直了身子，马上又委顿下去，说：“你是有两下子，比那些透视的 X 光共振的核磁什么的要高明一点。他们不知道我脑子里想的是什么，你猜到了。我承认你说得对，是有一件事发生过……我不愿意再去想它，我要逃开，我要躲避。我只有命令自己不想，但是，大脑不是一个好士兵，它不服从命令，你越说不想它越要想，这件事就像河里的死尸，不停地浮现出来。我只有一个笨办法，就是用其他的事来打岔，飞快地从一件事逃到另外一件事，好像疯狂蔓延的水草，就能把死尸遮挡住了。这法子刚开始还有用，后来水草泛滥成灾，死尸是看不到了，但脑子无法停顿，各种各样的念头在翻滚缠绕，我没有一时一刻能够得到安宁，好像是什么都在想，又像是什么都不想，一片空白……”说到这里，他开始用力捶击脑袋，发出空面袋子的“噗噗”声。

我表面上镇静，心里还是有点担心，怕这种针对自我的暴力弄伤了他的身体，做好了随时干预的准备。过了一会儿，他打累了，停下来，呼呼喘着粗气。我说：“你对抗失眠的办法就是驱动自己不停地想其他的事情，以逃避那件事情。结果是脑子进入了高速旋转的状态，再也停不下来。你现在能告诉我那件让你如此痛苦不堪的事情，究竟是什么吗？”

他迟疑着，说：“我不能说。那是一个妖精，我好不容易才用五花八门的事情把它挡在门外，你让我说，岂不是又把它召回来了吗？”

我说：“我很能理解你的恐惧，也相信你让自己的大脑，不停地从一个问题跳到另外一个问题，用飞速旋转抗拒恐怖。在最初的阶段，这个没有法子的法子，在短时间内帮助过你，让你暂时与痛苦隔绝。但是，随着时间的延续，这个以折磨取胜的法子渐渐失灵了。你变得疲惫不堪，脑子也没办法进行正常的思维和休息，你就进入了混乱和崩溃，这个法子最终伤害了你……”

瞿杰好像把这番话听了进去，用手撕扯着头发。我不想把气氛搞得太压抑，就开了个玩笑说：“依我看啊，你是饮鸩止渴。”

瞿杰好奇地问：“鸩是什么？渴是什么？”

我说：“渴就是你所遭遇到的那件可怕的事情，鸩就是你的应对方法。如今看来，渴还没能把你搞垮，鸩就要让你崩溃了。渴是要止住的，只是不能靠饮鸩。我们能不能再寻找更有效的法子呢？况且直到现在，你还那么害怕这件事卷土重来，说明渴并没有真正远离你，鸩并没有真正地救了你。如果把这个可怕的事件比作一只野兽，它正

潜伏在你的门外，伺机夺门而入，最终吞噬你。”

瞿杰的身体直往后退缩，好像要逃避那只野兽。我握住他的手，给他一点力量。他渐渐把身体挺直，若有所思地说：“您的意思是我们只有把野兽杀死，才能脱离苦海，而不是只靠点起火把敲响瓶瓶罐罐把它赶走？”

我说：“瞿杰你说得非常对。现在，你能告诉我那只让你非常恐惧的野兽是什么吗？”

瞿杰又开始迟疑，沉默了漫长的时间。我耐心地等待着他。我知道这种看起来的沉默，像表面波澜不惊的深潭，水面下风云变幻，正进行着激烈的思想斗争——说还是不说？

终于，瞿杰张开了嘴巴，舔着干燥的嘴唇说：“我……失……恋了。”

原本我以为让一个英俊青年如此痛不欲生的理由，一定惊世骇俗，不想却是十分常见的失恋，一时觉得小题大做。但我很快调整了自己的思绪，认真回应他的痛楚。心理问题就是这样奇妙，事无大小，全在一心感受。任何事件都可能导致当事人极端的困惑和苦恼，咨询师不能一厢情愿地把某些事看得重于泰山，而轻视另外一些事情，以为轻若鸿毛。唯有当事人的情绪和感受，才是最重要的风向标。

我点点头，说：“谢谢你对我的信任。失恋的确是非常令人惨痛的事情，有时候足以让我们颠覆、怀疑整个世界。”

瞿杰说：“我没有把这件事告诉任何人。”

我说：“你不说，一定有你不说的理由。”

瞿杰说：“没想到你这样理解我。你知道我为什么不说吗？”

我老老实实地回答：“不知道。如果你告诉了我，我就知道了。”

瞿杰说：“你看我条件如何？”

我说：“你指的条件包括哪些方面的呢？”

瞿杰说：“就是谈恋爱的条件啊。”

我说：“每一代人都有每一代人的条件，我的眼光可能比较古旧了，说得不对供你参考。依我看来，你的条件不错啊。”

瞿杰第一次露出了笑容说：“岂止是不错，简直就是优等啊。你看我，一米八三的高度，校篮球队的中锋，卡拉 OK 拿过名次，功课也不错，而且家境也很好，连结婚用的房子家里都提前准备了……”

我说：“万事俱备只欠东风了。”

瞿杰说：“是啊，这个东风就是一位女朋友。”

我说：“你的女朋友究竟是一个怎样的人呢？”

瞿杰说：“人们都以为我的女朋友一定是倾国倾城貌的淑女，不敢说一定门当户对，起码也是小家碧玉……可我就是让大家大跌眼镜，我的女朋友条件很差，长得丑，皮肤黑，个子矮，家里也很穷，但很有个性……得知我和她交朋友，家里非常反对，我说，我就是喜欢她，如果你们不认这个媳妇，我就不认你们。话说到这个份儿上，家里也只好默许了。总之，所有的人都不看好我的选择，但我义无反顾地爱她。可是，没想到，她却在十一天前对我说，她不爱我了，她爱上了另外一个人……我以前听说过天塌地陷这个词，觉得太夸张了，就算地震可以让土地裂缝，天是绝对不会塌下来的，但是在那一瞬，我真正明白了什么是乾坤颠倒地动山摇。我被一个这样丑陋的女人抛弃了，她找到的另外一个男人和我相比，简直就是一堆垃圾，不不，说垃圾都是抬举了他，完全是臭狗屎！”

瞿杰义愤填膺，脸上写满了不屑和鄙夷，还有深深的沮丧和绝望。

事情总算搞清楚了，瞿杰其实是被这种比较打垮了。我说：“这件事的意义对于你来说，并不仅仅是失恋，更是一种失败和耻辱。”

瞿杰大叫起来：“你说得对，就像八国联军入侵，我没放一枪一炮就一败涂地丧权辱国。如果说我被一个绝色美女抛弃了，我不会这么懊丧。如果说我被一个高干的女儿或是富商家的小姐甩了，我也不会这么愤慨。或者说啦，如果她看上的是一个美男帅哥大款爵爷什么的，我也能咽下这口气，再不干脆嫁了个离休军长，我也认了……可您不知道那个男生有多么差，我就想不通我为什么会败在这样一个人渣手里，我冤枉啊……”

看到瞿杰把心里话都一股脑儿地倾倒出来，我觉得这是很好的进展。我说：“我能体会到你深入骨髓的创伤，其实你最想不通的还不是失恋，是在这样的比较中你一败涂地溃不成军！”

瞿杰愣了一下，说：“你的意思是说我的痛苦不是失恋引起的？”

我说：“表面上看起来，是失恋让你痛不欲生。但是刚才你说了，如果你的前女友找的是一个条件比你好的男生，你不会这么难过。或者说如果你的前女友自身的条件要是更好一些，你也不会这样伤心。所以，我要说，你的失败感和失恋有关，但更和其他一些因素有关。”

瞿杰若有所思道：“你这样一讲，好像也有一点道理。但是，如果没有失恋，这一切都不会发生啊。”

我说："如果没有失恋，也许不会这样集中地爆发出来，但是恕我直言，你是不是经常在和别人的比较当中过日子？"

瞿杰说："那当然了。如果没有比较，你怎么能知道自己的价值？"

我说："瞿杰，这可能就是问题的关键所在了。其实，一个人的价值并不在和别人的比较之中，而是在自己的掌握之中。就拿你自己来当例子，你的条件和十一天以前的你，有什么大的变化吗？"

瞿杰说："除了睡不好觉，体重减轻，头发掉了一些之外，似乎并没有其他的变化。"

我说："对啊，那么，你对自己的评价有什么变化吗？"

瞿杰说："当然有了。比如我觉得自己不出色、不优秀、不招人喜爱、前途暗淡了……"

我说："你的篮球还打得那样好吗？"

瞿杰不解地说："当然啦。只是我这几天没有打篮球，如果打，一定还是那样好。"

我又说："你的歌唱得还好吗？"

瞿杰说："这个没有问题，只是我现在没有心思唱歌。如果唱哀伤的歌儿，也许比以前唱得还好呢。"

我接着说："你的学习成绩怎样呢？"

瞿杰好像明白了一些，说："还是很好啊。"

我最后说："你的个头怎样呢？"

瞿杰难得地笑出声来，说："您可真逗，就算我几天几夜不吃饭不睡觉，分量上减轻点，骨头也不会抽抽啊。"

我趁热打铁说："对呀，你还是那个你，只是这其中发生了失恋，一个女生做出了她自己的选择……我们还不完全知道她是因为什么做出这样的决定，但你只有接受和尊重这个决定，这是她的自由。两个相爱的人因为种种原因不能走到一起，固然是一件令人伤感的事情，但感情的事情是不能勉强的。世上无数的人经受过失恋，但从此一蹶不振跌倒了就爬不起来的人毕竟有限。瞿杰，我看你面对的并不是担心自己以后找不到女朋友，而是更深在的忧虑。"

瞿杰说："您说得太对了。寝室的同学知道我失恋的事，总是说，依你这样好的条件，还怕找不到好姑娘吗？别这么失魂落魄的，看哥们儿下午就给你介绍一个漂亮 MM。他们不知道我心里的苦，并不是担心自己以后找不到老婆，而是想不通为什么会被人行使了否决权，我觉得自己在人格上输光了血本。"

我说："瞿杰，谢谢你这样勇敢地剖析了自己的内心，失恋只不过是个导火索，它点燃的是你对自己评价的全面失守，你认为女友的离开是地狱之门，从此你人生黑暗。你看到她的新男友，觉得自己连一个这样的人都不如，就灰心丧气全盘否定了自己。"

在长久的静默之后，瞿杰的脸上渐渐现出了光彩，他喃喃地说："其实我并没有失败。"

我说："失恋这件事也许已成定局，但是人生并不仅仅是爱情，还有很多重要的事情在等待着你。再说，就是在爱情方面，你也并不绝望，依然有得到纯美爱情的可能性啊。"

瞿杰深深地点头，说："从此我不会再从别人的瞳孔中寻找对我的评价，我会直面失恋这件事情……"

瞿杰还是被姐姐扶着走出咨询中心的，他的眼睛因为极度的困倦已经睁不开，靠在姐姐肩头险些睡着。大约一个半小时之后，工作人员说瞿杰的姐姐打电话找我，我以为瞿杰有了什么新情况，赶紧接过电话。

瞿杰的姐姐说："我带着瞿杰，现在还在出租汽车上。"

我说："你们家这么远啊？"

瞿姐姐说："车已经从我们家门口路过好几次了。"

我说："那你们为什么像大禹治水一样，路过家门而不入？"

瞿姐姐说："瞿杰一坐上出租汽车马上就进入了深深的睡眠，睡得香极了，还说梦话，说：我不灰心，我不怕……睡得口水都流出来了，好像一个甜甜的婴儿。这些天他睡不着觉非常痛苦，看到他好不容易睡着了，我不敢打扰他，就让出租车一直在街上兜圈子，绕了一圈又一圈，车费都快两百块钱了。我怕一旦把他喊起来，又进入无法成眠的苦海。可他越睡越深沉，没有一点醒来的意思，我也不能一直让车拉着他在街上跑。我想问问您，如果把他喊醒下车回家，他会不会一醒过来就又睡不着觉了？我好害怕呀！"

我说："不必担心，你就喊醒他下车回家吧。如果他还睡不着觉，就请他再来。"

瞿杰再也没有来。

第二辑

成千上万的丈夫

爱是比天空和海洋更博大的宇宙，
在那个独特的穹隆中，
有着亿万颗爱的星斗，闪烁光芒。

男妇产科医生

他坐在我对面，十分庄重。

他是一位男妇产科医生，在这个岗位上已经度过了三十多个春秋，从翩翩少年到德高望重的医学权威。

全中国大约有九万名妇产科医生，其中男医生不到百分之十。也就是说，在我们广阔的国土上，只有几千名男妇产科医生在这一特殊领域，专心致志地为女性工作着，也许比搞原子弹和航天飞机的人还少吧？

我只能用庄重这个词形容他，虽然我刚开始想用“慈祥”或是“温和”。不，慈祥太衰迈乏力了，而他不但叫人感觉到无惧、可亲，还有一种很内敛的力量蕴涵其中，预备着在危难中给你以期望和能够兑现的光明。

至于“温和”，他毫无疑问是和蔼的，但“温和”似乎太单纯平淡了一些，面对这样一位深谙生死和女性秘密的科学家，你断定自己将得到哲学和生命的启迪。

我的问题时有冷僻和挑战，但他始终是从容不迫和安详的。于是我想，在鲜血淋漓的手术台上，面对泛滥的癌肿，他一定也这般神闲气定。

问：作为一名男性，您为什么挑中了妇产科？好奇还是组织决定？

答：那时我是刚刚毕业的大学生，当实习医生。当征求去向的时候，我填写了外科和妇产科。我比较喜欢外科的手起刀落，更爽快和当机立断，有间不容发的治病救人的成就感。

我在国外研究的时候，看到过麦多先生的一句话："有两种男人做了妇产科医生，一种是对妇女有一种特殊的敏感和关心的人，而另一种则是十分谨慎的人，因为要判断病人是很困难的。换言之，他们处理的每个病例和操作，都不会发生在他们自身。当他帮助病人度过分娩阵痛、卵巢瘤、乳腺癌的时候，他可能存在一定的隔距，因为他知道，他是绝不会蹈此覆辙的。"

我想我是属于非常谨慎的那一类人，但我并不认为医生治病的经验仅仅来自感受。你没有得艾滋病，但你要摸索出治疗它的方法。要是只有得过很多病的人才可以当医生，那么医生早就死光了。

问：随着社会的进步，越来越多的女人要求在手术时，保留她们的子宫，您怎么看？

答：以前的病人很惧怕医生，基本上是医生说什么，她们就服从。但是现在不一样了，病人常常提出她们特别的想法。子宫是一个很不平凡的器官，它既关系到本人的机体，也关系到后代。有没有孩子这件事，会影响女人、男人，甚至上下几代人，娘家婆家……所以这是一个很慎重的问题。我认为，医生不是修理机器的管道工，面对的不仅仅是一个生了病的器官，而是一个完整的、有血有肉和周围有着千丝万缕联系的活生生的人……摘不摘除子宫，我主要是依据病

情，综合家庭、生育情况、年龄等因素。昨天一个病人强烈要求保留子宫，对我说要是切掉了子宫，她就得崩溃……我说，你留下它，就是在身体里埋下一颗定时炸弹。作为医生，我无法答应这种请求，但是你可以到其他医院再看看，听听别的医生的建议。

我的实际意思是——如果你要坚持保留，可以另请高明，因为这也关系到我作为一个医生的原则问题。但话不能那样说，不委婉，对病人太刺激了。当医生的，也应该是语言大师。后来她思索再三，还是接受了切除子宫的手术。我不是一个手术狂，切除是破坏，当可以避免或是能缩小它的危害时，我必尽力而为。我曾经为一个病人在子宫里切除了两百多个肌瘤，剔出那些大大小小的颗粒，当然比一揽子切除子宫费时费力。操作很麻烦，像在一团海绵状的橡胶里抠除豌豆。这个项目的世界纪录，由英国医生保持着，从子宫里一下切除了三百多个肌瘤，我们还不曾打破它。

问：在医院，谁是中心？病人还是医生？或者护士？

答：现在提倡在医院里，病人是中心，我以为这是一种奇怪的说法。据说医务人员态度不好，可以到消协投诉，这很可笑。医生不能等同于饭店服务员、汽车售票员，他所提供的服务，不是普通的商品，而是一种极为特殊的、和鲜血生命联系在一起的宝贵物质。我在报纸上看到，有的医院开始手术明码标价，这非常可笑。手术是千变万化的，在手术前怎么可能完全预计到呢？

医生作为一个行业，是十分崇高的，当然这并不是看不起普通劳动者。以前那个卖糖的张秉贵老人活着的时候，我常到他的柜台前站着，并不买糖，只是远远地看他举手投足，微笑着向顾客问好，优美地一抄手，把顾客要的糖，一块不多一块不少地抓到秤盘里。那种严丝合缝劲儿，叫你涌出许多感慨，精致地包扎，微笑着送给你……动作的连贯流畅，叫你深悟工作是一种享受，敬业如此美丽和庄严。

问：当您在台上做手术的时候，是什么感觉？

答：我渴望手术。那种充满血腥和药气的氛围，极端安静。没有电话、聊天、无关的话题，没有敲门声。不会有人无端地闯进来，用莫名其妙的事干扰你。你全神贯注，被一种神圣感涨满，很纯净，没有丝毫犹疑，就是全力以赴地救治手术单下覆盖着的这条生命。主刀的时候，妙不可言。所有的人以你为核心，完全服从你的指挥，没有讨论和敷衍，不扯皮。你甚至是很武断的，像至高无上的船长，其余的人，只是水兵。遇到危险，你必须当机立断，操纵着潜艇，在血泊里航行，威武豪迈，有一种“得气”的感觉。

我觉得给医生送红包，医生就好好手术，反之，就不负责任的说法，很难想象，在技术上几乎不成立，因为无法操作。别的行业可能会有一个尺寸、一个波动的范围，给了钱，我就尽心尽力给你办，不给钱，就拖着不办。医生只要一上了手术台，是没有选择的，起码在技术上无法掌握这个幅度。不可能故意不给病人好好做手术，给他点厉害瞧瞧，恰到好处地增添某种痛苦，并不危及他的生命……不，手术远无法那么精确地控制，吉凶未卜，台上什么事都可能发生。

问：对于毫无背景的病人，您能否一视同仁？

答：你说的是关系户吧？在我们的登记卡片上，有一行小小的注释，标明这个病人是某某介绍来的，那个是谁谁的门路。我有的时候很奇怪，怎么几乎所有住院的病人都能通过各种关系找到内部的人呢？例外也是有的，有时我会在卡片上看到一位老太太，名字下有一片空白，就是说，没有任何人打过招呼，完全是因为病情笃重，自己住进来的。我就说，现在我同你们打招呼，她没有关系，我给她一个关系——就是我，请特别关照。

当然，我也碰到过给首长的夫人做手术，被人反复叮嘱的时候，我只能回答说我会特别当心，不要出什么技术事故。我能做到的就是这些。

问：您当了这么多年的医生，经历了无数的生死，对人生怎么看？

答：我是一个宿命论者，几乎是生死由命的响应者。死和病，都不是可以预防、可以选择的。有的时候，一切人力都无效，生命自有它的轨道。我经常写一些科普著作，当然我在书里不会这样说。我会告诫大家减肥，不要养成某些不良习惯，比如酗酒、抽烟等。但我自己从来不吃什么补品，病人送给我的补品，时间长了，就生出蚂蚁。我也没有特殊的保健措施，不抽烟，是因为不喜欢那气味。如果接受那味，也许会抽的。我喜欢紧张的活动，白天很忙，几乎没有思索的工夫。我的格言是——紧张有力量。晚上下班回家的路上，是我一天最惬意的时候，骑一辆二六型女车，气不足……

问：是特意不把气打足，还是车胎慢撒气？

答：故意不把气打足。这样骑不快，有利于想事。我的很多文章，都是在路上慢慢酝酿出来的。

问：您提到病人送礼品，您是否经常需要病人的感激？当然我指的不是纯物质上的。

答：我通常不接受病人的礼品，但不绝对。比如一个病人出院几个月后，请我吃一顿便饭，我会接受。从医这么多年，从病人的一个眼神，一个动作，能看出他是否真心诚意感谢你。医生的劳动需要别人的承认和肯定，需要病人由衷的感激。我不喜欢那些表层的感谢之词，哪怕是很贵重的礼物，如果里面没有蕴涵真挚的情感，我也不看重。医生在高强度的生死搏斗中，和病人是战友，他需要病人对花费在他身上的心血和劳动予以理解和敬重。

问：如果有来世，您还会再做医生吗？

答：会。我的两个孩子都不做医生，他们说，不要说自己干，就是从小到大看着你这般辛苦，看也看得累了。医生每天看到的是痛苦和呻吟，听到的是烦人的倾诉，承担的是责任和压力，医生的工作是很枯燥的。但我会继续做医生，我从这个行业里学到了很多哲学，懂得了如何尊重人。科学家也许更多地诉诸理智，艺术家也许更多地倾注感情，医生则必须把冷静的理智和热烈的感情集于一身。

问：我想提一个比较敏感的问题，做妇产科医生，接触的是女性特殊部位。作为男性，是否经受特别的考验？

答：这个问题还从未有人问过我。

在生活中，我是一个和常人一样的男子。当我穿上白衣，就进入了特殊的角色。我是一名医生，我会忘记我的性别，或者说，我成了中性人。白衣有效地屏蔽了世俗的观念，使我专心致志地面对病人。白衣对我有象征的意义，是一身进入工作状态的盔甲。当然，还有一些特别需要注意的规矩，比如，为病人检查的时候，必须有其他女医务人员在场。从来不同病人开玩笑，哪怕彼此再熟，也要矜持把握。

对于女性的生殖系统，当我工作的时候，只把它看作是一个器官，仅此而已。这对一个敬业的、训练有素的医生来说，不是很困难的事。就像一个口腔科医生，让女病人张开嘴，想看的只是她的牙齿，而不是要和她接吻。这些年来，我看过无数的病人，年轻的年老的，好看的丑陋的，妙龄少女或是白发苍苍的老媪……在我眼里，她们都是一样的，都是我的病人。

问：妇产科的男医生，会不会碰到障碍?

答：有些女病人不愿找男医生，这在我年轻的时候，感觉比较明显。现在年纪大了，在大城市里，不成为很大的问题了，我刚当医生的时候，战战兢兢，因为没有经验。但病人把希望寄托在医生身上，使人压力很大。你比她年纪小，初出茅庐，但她依旧毫不犹豫地把你当成上帝。病人把年轻的医生当成长者，把平庸的医生当成圣人。后来有几年，有了一些经验，胆子大一些了。但医生当得年头多了，又战战兢兢起来，感到生命脆弱，责任重大，医生被赋予上帝的角色，但我知道自己不是，好像一个怪圈，又回到了原地。

问：您治疗了多少病人？做过多少手术?

答：不知道，没计算过。有人会精确地计算，有人大略地估计，比如一天大致做了几例手术，一年大约多少天，算出总数。我从来没有计算过。

问：您见过那么多女人，您以为对女人来说，最高贵的品质是什么？

答：(毫不迟疑地)善良，其次是美丽。

问：最后有一个纯属私人的问题，请教于您。我有一位关系密切的女友，各方面条件都很好，大龄未婚。有人给她介绍了一个男友，也是处处优异，工作为妇产科医生。她无法接受，理由是他对女人懂得太多了，没有神秘，就没有幸福。我觉得这有些先入为主，劝她，她说，你又不是那种男医生，你如何知道他们的心。

答：幸福和神秘画等号吗？什么东西最神秘？是肉体吗？我以为最神秘的是人的思想，身体没有什么可神秘的。女人只靠身体的神秘吸引男人吗？当身体不再神秘以后，幸福存在何方？人的感情是最神秘的，有感情才有幸福。

蓝宝石刀

一次朋友聚会，来了几位新面孔。席间，有男士谈起自己新交的女友，说是一位美女。于是不但在座的男子几乎全体露出艳羡之色，就是各个年龄段的女人，也普遍显出充分的向往与好奇。

大家纷说，原以为美女都已随着古典情怀的消逝，被现代文明毒死，不想这厢还似尼斯湖怪般藏着一个。众人正感叹着美女的重新出山，突然从客厅的角落里发出了一个声音：美女是有公众标准的，不是你说她是，她就是的。恋爱的人，眼里出西施。

大家诧然复茫然，想想也有理。先别忙着赞叹，到底是不是个真美女，还有待考察商榷呢！

说这煞风景话的男子，看上去细而柔的身材，平淡的五官，但并不虚弱，四肢甚至可以说是有力的。

于是有人对那位与美女交往的男子说，带着照片吗？拿出来让大伙看看嘛！既让我们养养眼，也让蓝刀鉴定一下，到底算不算真美女！

我悄声问身旁的朋友，蓝刀是谁？

他指指细而不弱的小伙子说，他就是。

我说，蓝刀——好古怪的名字！江湖上的？武林高手？

朋友说，他是整形外科的医学博士。因为他常用蓝宝石手术刀，所以圈内人称他蓝刀。

美女之友架不住众人的鼓动，从西服内袋掏出一张照片，姿势娴熟，想来是常常观摩的。

彩照，长跑火炬似的在众人手间传递。几位上了年纪的，还掏出了老花镜，好不容易才轮到我。姑娘确实美丽，身材相貌都属上乘，起码不逊于时下影视界的靓丽偶像。

照片最后传到蓝刀手里。不知道是巧合还是大伙等着他一锤定音，喧哗的客厅，悄无声息了。

蓝刀只看了一眼。真的，只一眼，我觉得即使从敬业的角度来说，他也该多看几眼的。后来蓝刀解释，一是将别人女友盯住不放，有失礼仪。再是对于老农来说，庄稼长势如何，一瞄足够。

蓝刀说，总体上，还不错，这是一位 17 世纪的美人形象。

大家驳道，美人又不是瓷器，还有时代限制？

蓝刀正言，时间感很重要。比如盛唐以肥为美，杨贵妃就是个双下巴。连那时的菩萨塑像，也个个超重。而 17 世纪的标准美人是：眼要重睑，也就是平常说的双眼皮。鼻子要从侧面看是微微上翘的，万万不能是鹰钩。嘴唇不可太大，更不可太小。上嘴唇较下嘴唇稍薄，反过来就是败笔。左面的颊上有一个酒窝，要是不幸长在右面就要减分。颈部可以有褶皱，但形状一定要好，如同一圈天然的项链……

大家听到这里就大笑说，真够苛刻，难为女人了。有人起哄道，

蓝刀，不要光说好的，来点具有专业水准的。那潜台词是期待蓝刀指出这女子的容貌缺陷。

蓝刀以目光征询美女男友意见，小伙子好像也很想长点知识，做出愿意洗耳恭听的模样。

蓝刀说，既然说到专业，我就再发表点意见，学术研究，没有别的意思。若是冒犯了，请多原谅。这位女性的相貌，从照片上来看，一是从发际到下颏之间的距离，应为本人的三个耳朵的长度。以这个比例要求，似稍嫌长了一点。鼻尖、嘴唇中点和下颏点，应为一直线，此为美人非常重要的一个指标。但这位女士鼻尖稍向右偏了一点，于是面部就有了少许不平衡之感。女性好细腰，但并不是越细越好，从美学角度来看，腰围以头围的一点六一八倍最好……

大家哄笑起来，说，蓝刀，闭嘴吧。照你这样算下去，人间真的没有美女了。蓝刀也就不再就该女士发表意见。但由此引出的话题新鲜有趣，整个晚上，蓝刀成了主角。

一位桥梁工程师说，对不起，不是针对你个人，我倒是很有点看不起整容医生的。

蓝刀很沉着地问，为什么呢？

工程师说，虽然你们是医生，却没有急诊。我不是医生，可我知道，几乎所有的科，都有急诊。比如外科，就不必说了。妇产科、小儿科……就连牙科吧，也有。比如你的腮帮子被人打漏了，你就得上口腔医院马上缝。可有谁急诊整形呢？它是富贵事，可有可无的。

蓝刀说，你说得对，整形外科没有急诊。但是，一个烧伤的病人，你不为他整容，他就无法回到正常的人群当中。你倒是用急诊把他的生命挽救回来，但他自惭形秽，自暴自弃，再也无法挺胸做人。还有，若是他不整容走到街上，月黑风高，谁要是在胡同拐角处突然看到一个满脸焦疤的人，以为遇到了妖怪，惊恐万状，虚脱休克，人道吗？

听蓝刀这么一讲，大家就觉得整容也是社会发展到高级阶段的产物，医学百花中的一朵。

有人问：什么人适宜做整容？

蓝刀清清嗓子说，我先不回答这个问题，我想说的是——什么人不适宜做整容。

蓝刀说，有八种人我是不给他做整形手术的。

第一种人，天天身上带着一面小镜子，无论何时何地都随手把小镜子拿出来，顾影自怜或自惭形秽的人，不做。

大伙忙问，为什么？

蓝刀说，他认为人世间最重要的事就是他的容貌，自信心和尊严都系此一事。这样的人，无论手术做得怎样成功，他都会认为未能达到目的，所以，我不能自找烦恼。

第二，进我诊所，拿着一本或几本时尚导刊，指着封面或是封底的某明星或歌星的大幅照片说，我的要求不高，就是做成她的那个鼻子加上她的那个嘴巴……

大家笑道，这是不能做，无论如何你无法使她满意。

蓝刀叹气道，我心中常常又好笑又生气，便对来者说，你以为我是谁？上帝吗？可惜，我不是。纵使我能把你修理出那规格的鼻子和嘴巴，你可有那样的才气和奋斗？

第三种不做的人是：头不梳，脸不洗，衣冠不整，浑身散发不洁气息……

不等蓝刀说完，大家打断道，这条好似不合情理吧？正是因为某些人的仪表不良，他们才要求整理容貌，你怎么反而拒之门外呢？

蓝刀说，一个人的容貌可以被毁或是天生缺憾，但爱整洁是教养和习惯问题，不仅是对他人的敬重，更是对自己的珍惜。如果一个人没有这份热爱生命的感觉和精心维持，那么，我就是辛辛苦苦地帮他建设了再好的硬件，软件跟不上，还是没良效的。我尊重自己的劳动，我愿把宝贵的精力放到更善待自己的人身上。

大家默然片刻后表示可以接受。接着问，其他呢？

蓝刀说，第四种，凡来人说，我本人并不想来此做什么整容手术，都是我的家人——丈夫或是男友，要我来做的……这样的人，我也概不接待。

大家说，啊，那么绝对啊？

蓝刀说，是。容貌是自己的内政，无论它怎样丑陋，只要自己接受，别人就无权干涉。如果一个人因为惧怕或是讨好，听命于另外一个人，被迫接受了在自己身上动刀动剪动针动线，那是很不情愿和凄凉的事情。我不愿成为帮凶。

大伙频频点头，表示言之成理。

蓝刀说，第五种，多次在就诊时迟到或无故改变约定的人，不做。

大家说，这倒有些奇怪，你又不是兵营。遵纪守时的问题，和医疗何干呢？

蓝刀说，整形手术须反复多次，其中的艰苦和磨难，超乎想象。手术程序一旦开始，又不可中断。你可能把大腿上的皮瓣做好准备移到脸上，但本人突然不干了……所以，纪律性和承诺感不好的人，我不为他做手术。医生精力有限，我不愿在医疗以外的事情上花费太多的时间。

第六种，对同一问题，反复询问，我这次答复了，下次又问的人，我不做。

大家笑道，蓝刀，脾气够大啊。是不是求你做手术的人太多了，店大欺客啊?

蓝刀说，一个人对自己高度关注的事，况且我反复讲过多遍，还记不住，这是记忆问题吗？不是，是信任问题。他不信任我，所以不厌其烦地追问，好像审讯。我虽可理解这种心情，但我不能给一个不信任我的人动手术，无论是对我还是对他，都不愉快。

大家愣了一下，没人再作声，表示尊重一名资深医生对病人的挑剔。

第七种，态度特好或是态度特不好的病患，对医生满口奉承和送礼的病患，表现得特别合作或是特别不合作的病患，概不做。蓝刀一字一顿很慢地说。

大家道，这一条，能顶好几条，情况却大不一样。态度不好不做，明白；但态度特好的也不做，费解。

蓝刀说，他为什么特别殷勤？后面肯定有这样一个假设——如果他不送礼，我就不会尽心尽力地为他手术。他能奉承我，也就能诋毁我，不过是正反面吧。手术是一件充满概率的事情，即使我惨淡经营殚精竭虑，也不可能百战百胜。为了那个无所不在的概率，我要保留弹性。我需要有医生的安全感和世人对“万一”的理解。得给自己留一条后路。

客厅空气一下子变得有点沉重。

该第八种了，也就是最后一种了。沉默半晌，大家提醒蓝刀。

蓝刀说，这一种，简单，凡是手术前不接受照相的人，不做。

有人打趣道，整形大夫是不是和某影楼联营了，可以提成？要不，为什么有这样古怪的要求？蓝刀道，一个人破了相，不愿摄下自己不美的容颜，可以理解。但是，为了对比手术的效果，为了医学档案的需要，留有确切的原始记录，总结经验教训，都要保留病患术前的相貌，当然，会做好保密的。但是，有些人说什么也不接受这一合情合理的要求，没办法，既然他连面对真实情形的勇气都没有，怎能设想他和医生鼎力配合呢？所以，只有拒之门外了。

蓝刀说到这里，很有一些痛惜之意。

分手的时候，蓝刀热情地说，欢迎大家到我的诊所做客。大伙回答，蓝刀，我们会去的。不是去整形，是去听你说这些有趣的话。

你究竟说了些什么

某天，一位朋友给我打电话，说，你到哪里去了？我找得你好苦啊！因为是很好的朋友，我也和她开玩笑说，你是不是要请我吃饭啊？我欣然前往。她着急地说，吃饭有什么难啊，事成之后，我一定大宴于你。只是我们现在要把事情做完，每拖延一天，损失就太大了。

我听出她语气中的急迫，也就收敛起调侃，问道，到底出了什么事？

她不容置疑地说，我要请你做心理咨询。我松了一口气，说，你要做心理咨询，这很好啊，看来大家是越来越重视自己的心理健康了。只是我们是朋友关系，我不能给你做心理咨询。我会为你介绍一位很好的心理咨询师，由她给你做。

朋友说，这个病人不是我，是我的一位同事的亲戚的朋友的孩子。说实话，我并不认识这个病人，我们也没有多么密切的关系，人家信任我，我才来穿针引线。

我说，你真是古道热肠，拐了这么多的弯，还把你急成这样。给你个小小的纠正，来做心理咨询的人不是病人，我们通常称他们为来访者。

朋友说，这有什么很大的不同吗？叫病人比较顺嘴。

我说，很多人来做心理咨询，并不是因为有了心理疾病，而是为了寻求更好的发展潜能和更亲密的人际关系。

朋友说，但我说的这个孩子确确实实是病了，当然不是身体上的病，他的身体棒得能参加奥运会，却不肯去上学。再有两个月就要高考了，这是多么关键的时刻，可他说不上就不上了，谁劝也没用。一家人急得爸爸要跳楼、妈妈要上吊，他却无动于衷，整天把自己关在屋里玩电脑，任谁都不见。家里人急着要找心理医生，但这个孩子主意太大了，根本就不答应去。后来，他家里人找到我，让我跟你联系。那孩子说如果是毕淑敏亲自接待他，他就前来咨询。现在总算联系上了，你万不能推托。你什么时候有时间呢？让他父母带着他来见你……

我一边听着朋友的述说，一边查看工作日程表。最近的每一个时段都安排得满满的，只有七天后的傍晚有一小时的空闲。

我把这个时间段告知了朋友，请她问问那位中学生届时有没有空。

朋友大包大揽道，只要你能抽出时间，那边还有什么好说的？他们一定会来的。

我很严肃地对她说，请你一定把我的原话传过去。第一，要再次确认那位中学生是自己愿意来谈谈他的想法，而不是被父母强迫而来的。第二，征询那个时间对他合不合适。如果他有重要的事情，我们还可以再约另外的时间。第三句话就不必传了，只和你有关。

朋友说，前两件我都会原汁原味地传达到。只是这第三句话是什么，我很想知道，怎么把我这个穿针引线的人也包括进去了？

我说，第三句话就是，你的任务就到此为止了，因为你已经卷入了这种特殊就诊方式的开头部分。关于进展和结尾，恕我保密。你若是好奇或是其他原因追问我下文，我会拒绝回答，到时候，请你不要生气。不是我不理睬你，友情归友情，工作是工作，保密是原则问题，祈请见谅。

朋友说，好，我把你的话传到就算使命截止。我会尊重你们的工作规定。

一周后的傍晚，一对衣着光鲜的夫妻押着儿子来了。我之所以用了“押”这个词，是因为夫妇俩一左一右贴身护卫着那个高大的年轻人，好像怕犯人逃跑的衙役。年轻人走进咨询室的时候，他们俩也想一并挤入。

接待人员递给我咨询表格，轻声对他们说，你们并不是整个家庭接受咨询。

年轻人说，对，这是我一个人的事。说完，他懒懒散散走进了咨询室，一屁股坐在沙发上，目光直率地打量着我，我也打量着他。

他叫阿伦，身高大约一米八三，双脚不是像旁人那样安稳地倚着沙发腿放置，而是笔直地伸出去，运动鞋像两只肮脏的小船翘在地板中央。他身上和头发里发出浓烈的龌龊汗气，让人疑心置身于一家小饭馆的烂鸡毛和果皮堆的混合物旁。我抑制住反胃的感觉，不动声色地等着他。

你为什么不先说话？他很有几分挑衅地开始了。

我说，为什么我要先说话呢？这里是心理咨询室，是你来找的我，当然需要你先说出理由了。

他突然就笑了，露出很整齐却一点也不白的牙齿，说，你说得也有几分道理啊，不过，是他们要我来见你的。

我问，他们是谁？

阿伦歪了歪鼻子，用鼻尖点向候诊室的方向，在墙的那一边，走动着他焦灼不安的父母。

我表示明白他的所指，把话题荡开，问道，你好像比他们的个子都要高？

他好像受到了莫大的夸奖，说，是啊，我比他们都高。

我说，力气好像也要比他们大啊！

阿伦很肯定地点头说，那是当然啦！我在三年前掰腕子就可以胜过我父亲了。

我把话题一转：如果你不愿意来，你的父母是无法强迫你到心理咨询师这里来的。

阿伦愣了一下，说，对，我是自愿的。

我说，既然你是自愿来的，那你有什么问题要讨论呢？

阿伦说，我其实没有问题，是他们觉得我有问题。我不过是上上网，玩玩电子游戏，有什么了不起的？

我不想跟阿伦在到底是谁有问题的问题上争执不休。因为第一次咨询的任务，最主要是咨询师要和来访者建立起良好的关系，培养起信任感并了解情况。我说，你一天上网的时间是多少呢？

他说，大约十八个小时吧。

我无法掩饰自己的惊讶，问道，那你何时吃饭、何时睡觉呢？

阿伦说，饿了就吃，一顿饭大约用三分钟。实在熬不住了，就睡，每次睡十五分钟再起来战斗。我发现人一天睡五小时就足够了，说睡八小时那是农耕时代的懒惰。

我说，首先恭喜你——

我的话还没有说完，就被阿伦打断了：您不是在说反话吧？

我很惊奇地反问他，你从哪里觉得我是在说反话呢？

阿伦说，所有的人知道我这样的作息时间之后，都说我鬼迷心窍，哪能一天只睡五小时呢？

我说，我要恭喜你的也正是这一点。因为通常的人是需要每天睡眠八小时，如果你进行了正常的工作学习而只需要五小时睡眠就能恢复精力，这当然是值得庆贺的事情。每天能节约出三小时，一辈子就能节约出若干岁月，你要比别人富余很多时间呢，当然可喜可贺。

阿伦点点头，看来相信我说的是真心话。我紧接着问道，那你何时上学做功课呢？

阿伦皱起眉头说，您是真不知道还是假装不知道呢？我已经整整二十八天不去上学了。

我发现当他说到“二十八天”这个日子的时候，眼睫毛低垂了下去。我说，看来，你还是非常在意上学这件事的。

他立刻抗议道，谁说的？我再也不想回到学校了，那是我的伤心之地。

我说，你连每一天都计算得这样清楚，当然是重视了。只是我不知道，在二十八天以前发生了什么重大的事情，让你做出了不再上学的决定，直到今天还这样愤怒伤感？

阿伦很警觉地说，你到学校调查过我了？

这回轮到我笑起来说，你真是高估了我。你以为我是克格勃？我哪有那个本事！

阿伦还是放不下他的戒心，说，那你怎么知道二十八天以前发生过什么重大的事情？

我收起笑容说，能让你这么一个身高体壮、智力发达、反应灵敏的年轻人做出不上学的决定，当然是一件重大的事情啦！

阿伦说，你猜得不错。二十八天之前，正好是我们模拟报高考志愿的时候。我看到发下来的报名表，想也没想就填上了“清华大学”。当然了，我的成绩距离上清华还有很大的差距，但我想，距离考试还有几个月的时间，谁说我就不能创造出点奇迹呢？再有，士气可鼓而不可泄呢，这也是兵法中常常教导我们的策略嘛！

没想到代课老师走到我面前，斜眼看了看我的志愿，说，就你这德行也想报清华，你以为清华是自由市场啊？

那天正好我们的班主任因病没来，要是班主任在，也许就不会出事了。这位代课老师因为我有一次打篮球没看见她，忘了问好，就被她记了仇。

我说，怎么啦，清华就不能报了？

老师说，也不看看自己的成绩，别给学校丢人了，这样的报考单送到区里做摸底统计，人家不说你不知天高地厚，反倒说是老师没教会你量力而行。

如果老师单单说到这里就停止，我也就忍气吞声了。学校里，老师挖苦学生是天经地义的事，我们都麻木了，我低下了头。老师不依不饶，她撇着嘴说，就凭你这样的人还想为校争光，那我就大头朝下横着走！

听到这里，我忍不住插话道，这位老师如此伤害你的自尊心，我听了很生气。

阿伦没理我，自顾自说下去。

不知为什么，老师这句话强烈地刺激了我，我一想起面目可憎的老师能像个螃蟹似的头抵着土在地上爬行，就不由自主地哈哈大笑。老师摸不着头脑，但是能感觉到我的笑声和她有关，就厉声命令我不要笑。但我依旧大笑不止，她束手无策。那天我笑得天昏地暗，从学校一直笑回了家，闹得父母很吃惊，以为我考了一百分。

我走火入魔似的陷入了这种想象之中，但是要让老师真的趴在地上，是有条件的，我必得为校争光。真的考上清华吗？我没有这个把握，若是考不上，岂不验证了老师对我的评判？我就滋生了放弃高考的念头。一场考试，如果我根本就没有参加，就像武林高手不曾刀光剑影华山论剑，你就无法说谁是武林第一。但是放弃了高考，我用什么来证明自己呢？我想到了网络游戏。

说到这里，阿伦抬起头，问道，您玩网络游戏吗？

我老老实实地回答，不玩。我老眼昏花的，根本就反应不过来。

阿伦同情加惋惜地叹口气说，那您也一定不知道“魔兽”、“部落”、“联盟”这些术语了？

我说，真的很遗憾，我不知道。但我很想向你学习。

我说的是真心话。既然我的来访者是这方面的高手，既然他沉迷于网络不能自拔，我当然要向他请教，我要走入他的世界，我要感同身受地体验到他的快乐和迷惘，我必须了解到第一手的资料和感受。

阿伦说，那我就要向您进行一番普及教育了。他说着，有点似信非信地看着我。

我马上双手抱拳，很恭敬地说，阿伦老师，请你收下我这个学生。只是我年纪大了，脑袋瓜也不大好使，还请老师耐心细致地讲解，不要嫌弃我笨。如果有不明白的地方，我会提出来，也请老师深入浅出地回答。

他快活地笑起来，说，我一定会耐心传授的。说完，他就一本正经地向我解释起经典游戏的玩法。我非常认真地听他讲授，重要的地方还做笔记。说实话，专心致志的劲头，只有当年在医学院做学生听教授讲课的时候才有这般毕恭毕敬。

交流平稳地推进着，离结束只有十分钟时间了。按照咨询的惯例，我要进入“包扎”阶段。也许在不同的流派里，对于这段时间的掌握和命名各有不同，但我还是很喜欢用“包扎”这个术语。咨询的过程，在某种程度上就是打开了来访者的创伤，在来访者离去之前，一个负责任的心理咨询师要把这伤口消毒与缝合，让来访者在走出咨询室的时候不再流血和呻吟。心理创伤和生理创伤一样，陈年旧疾和深入的刀口，都不是一朝一夕可以愈合如初的。心理咨询师要有足够的耐性和准备，第一次咨询主要是建立起真诚的信任关系和了解情况，其余的工作来日方长。

我说，谢谢你如此精彩的讲解，现在，我对网络游戏多了些了解。

阿伦轻快地笑起来，说，能和您这样谈话，真是很愉快啊。我还要再告诉您一个重要的秘密，我就要代表中国和韩国的选手比赛，如果我们赢了，那就真是为国争光了！

我伸出手来祝贺他说，你在游戏中充满了爱国精神。

他紧紧地握住了我的手，说，您说的是真心话吗？

我说，当然，你可以使劲握住我的手，你可以感觉到我手的力量。如果我的话是假的，我会退缩。

阿伦真的握住了我的手，我感觉到他的手在轻轻地发抖。

分手的时间到了，我对阿伦说，谢谢你对我的信任，告知我那么多的知心话，我会为你保守秘密的。也谢谢你耐心地为我这样一个游戏盲讲解游戏，让我对此有了一定的了解。我希望在下个星期的这个时间能够看到你来，咱们还要讨论为国争光的问题呢！

阿伦脸上的神色突然变得让人捉摸不透，他对我说，原谅我下个星期的这个时间不能来到您这里了。

我尊重阿伦的意见，因为如果来访者自己不愿意咨询了，无论咨询师多么有信心也无法继续施行帮助计划了。

我表示理解地点点头。

阿伦突然扬起了眉毛，说，下个星期的这个时候，我想我是在学校上晚自习吧。您知道，毕业班的功课是非常紧张的。

我大吃一惊。说实话，在整个咨询过程里都不曾探讨上课的事，我认为时机未到。

阿伦是个无比聪明的孩子，他看出了我的困惑，说，我知道爸爸妈妈领我来的意思，谢谢您没有说过一句让我回去上课的话。在来的路上我就想好了，如果您也千篇一律地劝我的话，我会扭头就走。谢谢您，什么也没说。您向我讨教游戏的玩法，我很感动。从小到大，还没有一个成年人如此虚心地向我求教过，这样耐心地听我说话。还有，您最后祝愿我为国争光，我非常高兴，您终于理解我不上学其实只是想证明自己是有能力做一些事情并且能做好的。对了，您还表示了对那个老师的愤慨，让我觉得很开心，觉得自己不再孤独和愚蠢……现在，我不需要再用网络游戏来证明什么给那个老师看了，我要回到书本中去了。我知道这也是您希望的，只是您没有说出来。

我们紧紧握手，这一次，他的手掌都是汗水，但不再抖动。

过了暑假，那位朋友跟我说，你用了什么法子让那个网络成瘾的孩子改邪归正的？他的父母非常感谢你，因为他考上了重点大学，真是考出了最好的成绩呢！他们想请你吃饭，邀我作陪。

我说，咱们可是有言在先的，我不能向你透露任何相关的信息，也不能赴宴。如果你馋虫作怪，我来请你吃饭好了。

朋友说，我看他们感谢你还不是最主要的目的，主要是想探听出你究竟跟他们的儿子说了点什么，能有这么大的功效。

我说，那一天，我说得很少，阿伦说得很多。其余的，无可奉告。

有一种笑令人心碎

做心理医生，看到过无数来访者。一天有人问道，在你的经历中，最让你为难的是怎样的来访者。说实话，我还真没想过这个问题，他这一问，倒让我久久地愣着，不知怎样回答。

后来细细地想，要说最让我心痛的来访者，不是痛失亲人的哀号，或是奇耻大辱的啸叫，而是脸挂无声无息微笑的苦人。

有人说，微笑有什么不好？不是到处都在提倡微笑服务吗？不是说微笑是成功的名片吗？最不济也是笑比哭好啊。

比如一个身穿黑衣的女孩对我说，您知道我的外号是什么吗？我叫“开心果”，我是所有人的开心果。只要我周围的人有了什么烦心事，他们就会找到我。我听他们说话，想方设法地逗着大家快乐，给他们安慰。可是，我不欢喜的时候，却找不到一个人理我了，周围一片灰暗，我只有一个人躲在被窝里哭……

我听着她的话，心中非常伤感，但她脸上的表情让我百思不得其解。那是不折不扣的笑容，纯真善良，几乎可以说是无忧愁无虑的，连我这双饱经风霜的老眼也看不出有什么痛楚的痕迹。她的脸和她的心，好像是两幅不同的拼图，展示着截然相反的信息，让人惊讶和迷惑，不知它们该主哪一面。

我说，听了你的话，我很难过。看你的脸，我察觉不出你的哀伤。她下意识地摸摸自己的脸说，咦，我的脸怎么啦？很普通啊，我平时都是这样的。

于是我在瞬间明白了她的困境。她脸上的笑容是她的敌人，把错误的信息传达给了别人。当她需要别人帮助的时候，她的脸、她的笑容在说着相反的话——我很好，不必管我。

有一个男子说他和妻子青梅竹马，说他以妻子的名字起了证照，办起了自家的公司。几年打拼，积聚下了第一桶金。小鸟依人的妻子身体不好，丈夫说，你从此就在家里享福吧，我有能力养你了。你现在已经可以吃最好的伙食和最好的药，等我以后发展得更好了，你还可以戴着最好的首饰去看世界上最好的风景。再往后，你也会住上最好的房子……他为妻子描画出美好的远景之后，就雷厉风行地赚钱去了。当他有一天风尘仆仆地回到家中时，妻子不在屋中。他遍寻不到，焦急当中，邻居小声说，你不是还有一套房子吗？他说，不，我没有另外的房子。邻居锲而不舍地说，你有，你还有一套房子，我们都知道，你怎么能假装不知道？男子想了想说，哦，是了，我还有一套房子。你能把我带到那套房子去吗？邻居说，一个人怎么能忙得把自己的房子在哪里都忘了呢？它不是在 ×× 路 ×× 号吗？邻居说完就急忙闪开了，不想听他道谢的话。男子走到了那个门牌前，看到了自己最要好的朋友的车就停在门前，他按响了门铃，却没有人应答。

这是一栋独立的别墅，时间正是上午 10 点。男子找了一个合适的角度，可以用眼睛的余光罩住别墅所有的出口和窗户，然后他点燃一支烟。他狠狠地抽了半天，才发现根本就没有点燃。他就这样一支接一支地抽下去，直到太阳升到正午，还是没有见到任何动静。他面无表情地等待着，知道在这所别墅的某个角落里有两道目光偷窥着自己。到了下午，他还如蜡像一般纹丝不动。傍晚时分，门终于打开了，他的朋友走了出来。他迎了上去，在他还没有开口的时候，那个男人说，算你有种，等到了现在。你既然什么都知道了，你要怎么办，我奉陪就是了。说着，那个男人钻进车子，飞一样地逃走了。丈夫继续等着，等着他的妻子走出门来。但是，直到半夜三更，那个女人就是不出来。后来，丈夫怕妻子出了什么意外，就走进别墅。他以为那个懦弱负疚的妻子会长跪在门廊里落泪不止，他预备着原谅她。但他看到的是盛装的妻子端坐在沙发里等他，说，你怎么才来？我都等急了。我告诉你，你听不到你想听的话，但你能想得出来所有的事情都发生了，你爱怎么办就怎么办吧，我们等着你……说完这些话，那个女人就袅袅婷婷地走出去了，把一股陌生的香气留给了他。他说，那天他把房间里能找到的烟都吸完了，地上堆积的烟灰会让人以为那里曾经发生过火灾。

我听过很多背叛和遗弃的故事，这一个并不是最复杂和惨烈的。之所以印象深刻，是因为这位丈夫在整个讲述过程中的表情——他一直在微笑，不是任何意义上的苦笑，而是真正的微笑，这种由衷的笑容让我几乎毛骨悚然了。

我说，你很震惊，很气愤，很悲伤，很绝望，是不是？

他微笑着说，是。

我恼怒起来，不是对那对偷情的男女，而是对面前这被侮辱和损害的丈夫。我说，那你为什么还要笑？！

他愣了愣，总算暂时收起了他那颠扑不破的笑容，委屈地说，我没有笑。

我更火了，明明是在笑，却说自己没有笑，难道是我老眼昏花或是神经错乱了吗？我急切地四处睃寻，他很善意地说，您在找什么？我来帮助您找。

我说，你坐着别动，对对，就这样，一动也不要动。我要找一面镜子，让你看看自己是不是无时无刻不在笑！

他吃惊地托住自己的脸，好像牙疼地说，笑难道不好吗？

我没有找到镜子，我和那名男子缓缓地谈了很多话。他告诉我，因为母亲是残疾人，父亲在他出生后不久就把他们母子抛弃了。母亲带着他改嫁了一个傻子，那是一个大家族。他从小就寄人篱下，谁都可以欺负他。出了任何事，无论是谁摔碎了碗、谁打烂了暖瓶，无论他是否在场，都说他干的，他也不能还嘴。他苦着脸，大家就说他是个丧门星，说给了他饭吃，他起码要给个笑脸。为了少挨打，他开始学着笑。他对着小河的水面笑，小河被他的泪水打出一串旋涡。他对着破碎的坛子里蓄积的雨水练习笑容，那笑容把雨水中的蚊子都惊跑了。他练出了无时无刻不在微笑的脸庞，渐渐地，这种笑容成了面具。

这个故事让我深深地发现了自己的浅薄。微笑，有时不是欢乐，而是痛苦到了极致的无奈。微笑，有时不是喜悦，而是生存下去的伪装。深刻检讨之下，我想到了一个词来形容这种状况，叫作——佯笑。

佯攻是为了战略的需要，佯动是为了迷惑敌人，佯哭是为了获取同情，佯笑是为了什么呢？当我探求的时候，发现在我们周围浮动着那么多佯笑。如果佯笑出现在一位中年及以上的人脸上，我还比较能理解，因为生活和历史给了他们太多的苍凉，但我惊奇地看到很多年轻人也被佯笑的面具所俘获，你看不到他们真实的心境。

其实，这不是佯笑者的错，但需要佯笑者来改变。我想，每一个婴儿出生之后，都会放声啼哭和由衷地微笑，那时候，他们是纯真和简单的，不会伪装自己的情感。由于成长过程中种种的不如意，孩子们被迫学会了迎合和讨好。他们知道，当自己微笑的时候，比较能讨到大人的欢心，如果你表达了委屈和愤怒，也许会招致更多的责怪。特别是那些在不稳定不幸福的家庭中长大的孩子，他们幼小的脑海还无法分辨哪些是自己的责任，哪些不过是成人的迁怒。孩子总善良地以为是自己的错，是自己惹得大人不高兴了。由于弱小，孩子觉得自己有义务让大人高兴，于是开始练习佯笑。久而久之，佯笑几乎成了某些孩子的本能。所以，佯笑也不是百无一用的，它掩饰了弱小者的真实情感，在某些时候为主人赢得了片刻安宁。

可是佯笑带来的损伤和侵害，是潜在和长久的。你把自己永远钉在了弱者的地位，不由自主地仰人鼻息。在该愤怒的时候，你无法拍案而起；在该坚持的时候，你无法固守原则；在合理退让的时候，你表现了谄媚；在该意气风发的时候，你难以潇洒自如，还可以举出很多。当很多年轻人以为自己的风度和气质是一个技术操作性的问题时，其实背后是一个顽固的心结，那就是你能否流露自己的真实情感。

我们常常羡慕有些人那么轻松自在和收放自如，我们不知道怎样获得这样的自由。最简单的方法就是全面地接受自己的情绪，做一个率真的人，学会和自己的心灵对话。你不可要求自己的脸上总是阳光灿烂，你不能掩盖和粉饰心情，你必须承认矛盾和痛楚。只有这样，我们才能真正成为驾驭自己的主人。

回到那位被背叛的男子，当他终于收起了微笑，开始抽泣的时候，我觉得这是他的大进步、大成长，他的眼泪比他的笑容更显示坚强。当他和自己的内心有了深刻的接触之后，新的力量和勇气也就油然而生了。

现代商战把微笑也变成了商品，我以为这是对人类情感的大不敬。微笑不是一种技巧，而是心灵自发的舞蹈。我喜欢微笑，但那必须是内心温泉喷涌出的绚烂水滴，而不是靠机器挤压出的呻吟。

请你不要佯笑，那样的笑容令人心碎。

遮颜男子

一位做职业心理医生的朋友，对我讲过这样一个故事。

某日下午，也许是因为突如其来的暴雨，预约的访客咨询过之后，没有新的咨询者来谈。我收拾好文件夹，预备下班，突然走进来一位年轻的男子。他西服笔挺，很有身份的样子。头上戴着一顶礼帽，帽檐压得很低，几乎看不清他的眉眼。我感觉到，这人有很深的隐秘，不愿让人知晓。他来找心理医生，想必是遇到了实在难以排解的苦闷。

他坐下来以后，对着我需要他填写的表格说，就不填了吧。因为，如果你一定要我填写，我就会编一些假资料在上面，无论是对我还是对您，都是一个尴尬和可笑的过程。

我点点头说，谢谢你这样坦诚地告诉我。不过，有一些资料，你是可以如实告诉我的。你对你的名字、职务、地址、联系方式……都可以保密。但是，既然你是来和我讨论你的问题，那么，关于你的婚姻情况、你的文化水准等，应是可以回答的。如果我们连这种基本的信任都没有，那么，请原谅，即使你很愿意讨论问题，我也无法接受你的要求。

他若有所思，想了想之后，在空白的名字之后，写下了职业：国家公务员。教育水准：硕士。

我说，好吧，你可以不告诉我你的姓名，但是，我怎么称呼你呢？

他说，你就叫我老路好了。

你一点都不老，看起来很年轻啊。我把感想告知他。

他说，你就把我当成一个老年人吧。

这是一个奇怪的要求，但我的来访者有很多令人诧异的想法，我已见怪不怪。

我说，咱们聊些什么呢？

他清清嗓子说，你能告诉我，女人和食物有什么区别吗？

一个怪异的问题。但他的眼睛，看得出认真和十分渴望得到答案。甚至，他还掏出了一个很精美的笔记本，想把我的话记录下来。

我说，女人和食物，当然是有非常重大的区别的。我看你是受过良好教育的人，一定晓得这两样东西是完全不同的了。我想了解，你为何想到了这样一个问题？这其中发生了什么？我觉察到了你的迷惘和混乱。

他好像被我点中了穴位，久久地不吭声。停了半天，才说，是这样的。我在政府机构里任职，现在做到了很高的位置。我的办公室里有一个秘书，是那种很优雅很干练的女孩，当然，外表也是非常漂亮的。你要知道，在当代大学生寻找工作的排行顺序里，公务员是高居榜首的。对于女孩子来说，更是一份优厚和体面的工作。这个女孩，就叫她蔻吧。

蔻是我从大学生求职招聘会上特招来的，我需要一个善解人意练达能干的女秘书，当然，还要赏心悦目。我是一个讲求品位的人，我使用的所有物件，都是高质量的。我对我的秘书要求高，也是情理中的事。蔻来了以后，很快就适应了工作，比我以往的任何一届秘书，都更让我得心应手。我很高兴，觉得自己多了一条胳膊一条腿。我不是开玩笑这样说，是真心的。当你有了一个比你自己想得更周到的秘书的时候，你觉得自己的生命被延长了，力量和智慧都加强了。

那是很美好的感觉。事情停留在这个地步就好了，但是，关系这种东西，不是你想让它发展到哪一步就可以凝结住的东西，它一旦诞生了，就有了自己的规律。因为我和蔻在一起工作的时间很长，每天都要讨论一些问题，交代一些事务，对于我是一个怎样的人，她很快就了如指掌了。她说，她喜爱我的一切，从我的学识风度到细小的习惯和动作，连我的老伴非常不喜欢的我的呼噜，她都戏称为是一只安详的老猫在休养生息，预备着更长久的坚守和一跃而起……你知道，一个中年接近老年的人，被一名年轻女孩这样地观察和评价，是很受用的……

我听得很认真，我相信这些叙述的可靠性，不过，巨大的疑惑涌起，我说，对不起，打断一下。你一再地提到自己的年龄，还有老伴什么的说法……但是，我觉得这与实际不很吻合。

老路右手很权威地一挥，说，您先别急，且听我说。

我默不作声，迷惘更重了。

老路说，钱钟书说过，老年人的爱情就像是老房子着了火，没得救的。我和蔻的关系，燃烧起来了。是蔻点起的火，还不停地往上泼汽油。我一生操守严格，本以为自己年纪已经这样大了，从生理到心理，对于女色都会淡然，没想到，在蔻的大举进攻下，我的城堡不堪一击。连我们发生性关系的时间和地点，都被蔻以公务会面，堂而皇之地写在了我一周的计划中，那么天衣无缝，我被这个小女子安排进了一个圈套。当然，我还存有最后的理智，我对她说，这是你自愿的，咱们可要说清楚。蔻说，这都什么时候了，你这样控制？我给你吃一个药片，你就不会如此矜持了。说着，她拿出了淡蓝色的菱形药片……

我插话道，是伟哥？

老路说，是，正是。

我说，你吃了。

老路说，吃了，但在吃之前，我还是清醒地同她约法三章：第一，我没有强迫你；第二，我不会和你结婚；第三，你不要以此来要挟我。

蔻冷笑着说，你可真是20世纪遗留下来的人了。性是什么呢？食色，性也，就是说，它是正常的，是常见的，是没什么附加条件的。当你看到一盘美食，你肚子正好饿了，很想吃，那盘美食也很想入了它所喜爱的人的肚子，这不是一拍即合两全其美的好事吗？你还犹豫什么呢？

话说到这份儿上，我真的被这种大胆和新颖的说法所俘获，我想，我可能真是老了吧？也许是伟哥的效力来了，也许是我内心里潜伏着一股不服老的冲劲，我巴不得被这么年轻的女孩接受和称赞，我就当仁不让了……

小小的咨询室里出现了长久的停顿。空气沉得如同水银泻地。

后来呢？我问。

后来，蔻就怀孕了。老路垂头丧气。

蔻不再说那些女人和食物是等同的话了，蔻向我要求很多东西。她要钱，这倒还好办，我是个清官，虽然不是很有钱，但给蔻的补偿还是够的。但蔻不仅是要这些，她还要官职，她要我列出一个表，在什么时间内，将她提为副处级，什么期限内将她提为正处级。还有，何时提副局级……我说，那个时候，也许我已经调走或是退休了。蔻说，那我不管。你可以和你的老部下交代，我有学历有水平，只要有人为我说话，提拔我是顺理成章的事情，只要你愿意，你是一定办得到的。我为难地说，国家的机构，不是我的家族公司，就算我愿意为你两肋插刀，要是办不成，我也没办法。

蔻说，如果办不成，就是你的心不诚。

我有点恼火了，就算我在伟哥的作用下乱了性，也不能把这样一个小野心家送上重要的职位啊。我说，如果我办不成，你能怎么样呢？

蔻说，你知道克林顿吧？你知道莱温斯基的裙子吧？你的职位没有克林顿高，可我身上有的东西，比莱温斯基的裙子，力道可要大得多啊！

蔻现在还没有到医院去做手术，我急得不得了。我不知道向谁讨教，我就到你这里来了。当然，蔻对我也是软硬兼施，有的时候，也是非常温存，我真的不知道该怎么办了。那个孩子在一天天地长大，到了我这个年纪的人，对孩子还是非常喜爱的，但我更珍惜的是我一生的清誉，不能毁于一旦啊……

我赶快做了一个强有力的手势，打断老路的话，把我心中盘旋的疑团抛出：老路，不好意思，我一定要问清楚你的年纪，因为这是你的叙述中一个非常重要的线索，你不断地提到它，并感叹自己的经历。我想知道，你究竟有多大年纪？

老路目光犹疑而沉重地盯着我，说，既然你问得这样肯定，我也没办法隐瞒了，我五十六岁了。

我虽有预感，还是讶然失声道，这……实在是太不像了，你有什么秘密吗？

这是一句语带双关的话。我不能随便怀疑我的来访者，但我也没有必要隐瞒我的疑窦丛生。老路长叹了一口气说，你眼睛毒。我当然是没有那么大的年纪了，这是我的首长的年龄。除了年龄以外，我所谈的都是真的。只是首长德高望重，他没有办法亲自到你这里来咨询。我是他的助手，我代他来听听专家的意见，也可让他在处理如此纷繁和陌生的问题上，多点参考。

说到这里，老路长嘘了一口气。看来，这种李代桃僵的事，对他也是不堪重负。

轮到我沉默了。说实话，在我长久的心理辅导生涯中，不敢说阅人无数，但像这样的遭遇还是生平第一次。我能够体会到那位首长悔恨懊恼一筹莫展的困境，也深深地被蔻所震惊。这个美丽而充满心计的女子身上，有一种邪恶的力量和谋略，她真要投身政治，也许若干年之后，会升至相当的位置。至于这位为首长冒名咨询的男子，更是罕见的案例。

我说，终于明白你开始问的那个问题的意义了。女人和食物，是完全不同的。男女之间的性关系，绝不像人和物之间的关系那样简单和明朗，它是人类有史以来最亲密的关系之一。两个不同的人，彼此深刻地走入了对方的心理和生理，这是关乎生命和尊严的大事情，绝非电光石火的一拍两清。倘若有什么人把它说得轻描淡写或是一钱不值，如果他不是极端的愚蠢，那就一定是有险恶的用心了。

至于你的首长，我能理解他此刻复杂惨痛的情绪，他陷在一个大的危机当中。他要做出全面的选择，万不要被蔻所操纵……

那天还谈了很多，临走的时候，老路说，谢谢你。

我说，如果你的首长还想咨询的话，希望他能亲自来。老路把礼帽往下压了压说，好吧，我会传达这个信息。

朋友讲完了他的故事。我说，那位上当的老人来了吗？

朋友说，我从他的助手临走时压帽子的动作，就知道首长不会来的。

我说，这件事究竟怎样了结的？

朋友说，不知道。世上的人，究竟有多少能分清食和色的区别呢？只要这事分不清，此类的事就永不会终结。

成千上万的丈夫

有成千上万的男人，可能成为某个女人的好丈夫。

这句话，从一位做律师的女友嘴中，一字一顿地吐出时，坐在对面的我，几乎从椅子上滑到地上。

别那么大惊小怪的，这话也可以反过来对男人说，有成千上万的女人，可以成为你们的好妻子。你知道我不是指人尽可夫的意思，教养和职业，都使我不会说出这类傻话，我是针对文学家常常在作品中鼓吹的那种“唯一”，才这样标新立异。女友侃侃而谈。

没有唯一，唯一是骗人的。你往周围看看，什么是唯一的？太阳吗？宇宙有无数个太阳，比它大的，比它亮的，恒河无数。钻石吗？也许有一天我们会飞到一颗钻石组成的星球上，连旱冰场都是钻石铺的。那种清澈透明的石块，原子结构很简单，更容易复制了。指纹吗？指纹也有相同的，虽说从理论上讲，几十亿上百亿人当中，才有这种可能性。好在我们找丈夫不是找罪犯，不必如此精确。世上的很多事情，过度精确，必然有害。伴侣基本是一个模糊的数学问题，该马虎的时候一定要马虎。

有一句名言很害人，叫作：每一片绿叶都不相同。我相信在科学家的电子显微镜下，叶子间会有大区别，楚河汉界。但在一般人眼中，它们的确很相似。非要把基本相同的事物，看得大不相同，是神经过敏故弄玄虚。在森林里，如果戴上显微镜片，去看高大的乔木，除了满眼惨绿，头晕目眩，无法掌握树林的全貌，只得无功而返，也许还会迷失方向，连回家的路都找不到了。

婚姻是一般人的普通问题，不要人为地把它搞复杂。合适做你丈夫的人，绝非前无古人后无来者的异数。就像我们是早已存在的普通女人，那些普通的男人，也已安稳地在地球上生活很多年了。我们不单单是一个人，更是一种类型，就像喜欢吃饺子的人，多半也热爱包子和馅饼。科学早就证明，洋葱和胡萝卜脾气相投，一定会成为好朋友。大豆和蓖麻天生和平共处。玫瑰花和百合种在一起，彼此都花朵繁茂，枝叶青翠。但甘蓝和芹菜相克，彼此势不两立。丁香和水仙花，更是水火不相容。郁金香干脆会致勿忘草于死地……如果你是玫瑰，只要清醒地坚定地寻找到百合种属中的一朵，你就基本获得了幸福。

当然了，某一类人的绝对数目虽然不少，但地球很大，人又都在走来走去，我们能否在特定的时辰，遭遇到特定的适宜伴侣，也并不是太乐观的事。

相信唯一，你就注定在茫茫人海东跌西撞寻寻觅觅，如同一叶扁舟想捕获一条不知潜在何处的鳟鱼，等待你的是无数焦渴的黎明和失眠的月夜。

抱着拥有唯一的愿望不放，常常使女人生出组装男友和丈夫的念头。相貌是非常重要的筹码，自然列在前茅。再加上这一个学历高，那一个家庭好，另一个脾气柔雅，还有一个事业有成……女人恨不能将男人分解，剁下各自最优异的部分，由女人纤纤素手用以上零件，黏合成一个精美绝伦的新男人，该是多么美妙！

只可惜宇宙浩渺，到哪里寻找这样的胶水！

这种表面美好的幻想，核心是一团虚妄的灰雾在作祟。婚姻中自然天成的唯一佳侣，几乎是不存在的。许多婚礼上，我们以为天造地设的婚姻，夭折得如同闪电。真正的金婚银婚，多是历久弥新的磨合与默契。

女人不要把一生的幸福，寄托在婚前对男性千锤百炼的挑拣中，以为选择就是一切。对了就万事大吉，错了就一败涂地。选择只是一次决定的机会，当然对了比错了好，但正确的选择只是良好的开端，即使航向对头，我们依然还会遭遇风暴。淡水没了，船橹漂走，风帆折了……种种危难如同暗礁，潜伏于航道，随时可能颠覆小船。选择错了，不过是输了第一局。开局不利，当然令人懊恼，然而赛季还长，你可整装待发，蓄芳来年，只要赢得最终胜利，终是好棋手。

在我们人生旅途中，不得不常常进入出售败绩的商场。那里不由分说地把用华丽外衣包装的痛苦，强售给我们。这沉重惨痛的包袱，使人沮丧。于是出了店门，很多人动用遗忘之手，以最快的速度把痛苦丢弃了。这是情绪的自我保护，无可厚非。但很可惜，买椟还珠，得不偿失。付出的是生命的金币，收获的只是垃圾。如果我们能够忍受住心灵的煎熬，细致地打开一层层包装，就会在痛苦的核心里，找到失败随机赠送的珍贵礼品——千金难买的经验和感悟。

如果执着地相信唯一，在苦苦寻找之后一无所获，或是得而复失，懊恼不已，你就拿到了一本储蓄痛苦的零存整取存单，随时都有些进账可以添到收入一栏里记载了。当它积攒到一笔相当大的数目，在某个枯寂的晚上，一股脑儿挤提出来，或许可以置你于死地。

即使选择非常幸运地与“唯一”靠得很近，也不可放任自流。“唯一”不是终身的平安保险单，而是需要养护需要滋润需要施肥需要精心呵护的鲜活生物。没有比婚姻这种小动物，更需要营养和清洁的维生素了，就像没有永远的敌人一样，也没有永远的爱人，爱人每一天都随新的太阳一同升起。越是情调丰富的爱情，越是易馊，好比鲜美的肉汤如果不天天烧开，便很快滋生杂菌以致腐败。

不要相信唯一。世上没有唯一的行当，只要勤劳敬业，有千千万万的职业适宜我们经营。世上没有唯一的恩人，只要善待他人，就有温暖的手在危难时接应。世上没有唯一的机遇，只要做好准备，希望就会顽强地闪光。世上没有唯一只能成为你的妻子或丈夫的人，只要有自知之明，找到相宜你的类型，天长日久真诚相爱，就会体验相伴的幸福。

女友讲完了，沉思袅袅地笼罩着我们。我说，你的很多话让我茅塞顿开，但是……

但是……什么呢？直说好了。女友是个爽快人。

我说，是否因工作和爱人都不是你的唯一，所以才这般决绝？不管你怎样说，我依然相信世界上存在着“唯一”这种概率。如同玉石，并不能因为我们自己不曾拥有，就否认它的宝贵。

女友笑了，说，一种概率若是稀少到近乎零的地步，我们何必抓住苦苦不放？世上有多少婚姻的苦难，是因追求缥缈的“唯一”而发生的啊！对我们普通的男人和女人来说，抵制唯一，也许是通往快乐的小径。

一夫多妻制是否合理

一夫一妻制不一定是最终的制度，但却是现行的制度，不一定是最好的制度，但却是最稳定的制度。如果你是一个期望平顺和安宁的人，请支持这个制度并保卫它。

我在心理诊所接待过这样一位成功人士，他对我说，他有很多钱，具体的数目他就不告诉我了，因为怕吓到我。我说，我不像你想象的那样胆小。对我来说，无论钱多钱少，在人格上都是一样的。而且，我估计你的钱一定解决不了你的问题，要不然，你就不会这样千里迢迢地一大早到我的诊所里来了。

他是外地来的咨询者，因为事务繁忙，他特地预约了早上第一位的访谈时间，咨询后将从诊所直接到机场，赶回去参加董事会。

他说，您说的有一定道理，但是有钱人遇到的问题和没钱人遇到的问题是不同的。

我说，如果我和你讨论钱的问题，我可能没有你经验丰富。不过你今天抽出这么宝贵的时间到我这里来，一定是打算讨论我比较内行的事情吧？

他说，好吧。是这样的，我觉得一夫一妻制度不是最好的制度。

我说，那么看来你一定是在夫妻关系上出了问题。现在，我们面临着两个方向：要么讨论一夫一妻制度是否合理，要么在这个框架之中讨论你所遇到的问题。

我们姑且把这位腰缠万贯的成功人士称作聚贵先生好了。

聚贵思考了一会儿，说，我还是想和您务虚。

我说，好啊。你对一夫一妻制度有什么意见？

他说，一个成功的男人就应该有多个配偶，这样他才能产下更多的子嗣，他的优秀基因才得以更广泛地流传。穷人就应该少生孩子，他们连自己都养不活，生了孩子让社会负担，这合理吗？

我说，你的意思是说你自己应该有多个配偶，而有些人应该一个配偶也没有，这样更有利于物种的进化。是这样的吗？

聚贵先生说，基本上是这样的吧。

我说，其实这不是什么新观点，我觉得这个规则已经实行了一亿年。

聚贵先生说，您开什么玩笑？有人类才多少年啊？

我说，您反问得很有道理啊。人类确实没有这么长的历史，但是动物界有。动物基本上实行的就是这个规矩，强壮的雄性胜者通吃，垄断交配权。在人类的早期社会，基本上也是这样的。

在中国，直到辛亥革命之前，三妻四妾一直是合法的。所以，你的观点不是什么新发明，是复辟。

聚贵先生说，如果能这样就好了。

我说，人们之所以放弃了这个方法，可能有种种原因。其中很大的一个原因，我想是一夫一妻制更有利于安宁和平。不然同性之间为了争夺配偶而打得头破血流，引发无数杀戮和战争，破坏和谐统一，导致文明退化。再有就是从女性角度来考虑，一夫一妻制度更有利于感情的稳固和长远，也更利于抚育后代。还有一个原因，就是保护物种的多样性。不一定优良的基因就一定没有缺憾，也不一定在一轮竞赛中落后的基因就一无是处。况且，人类后代的产生，是父母基因各自先减数分裂，然后再融合在一起，成为一个新的生命，那是一个玄妙的过程，所以，也很有可能出现负负得正或是正正得负的局面。

当然了，人类在不断探索和进步，包括探索人类社会自身的组织形式。你可以找出一夫一妻制的种种弊病，但我看这一制度是迄今比较好的制度。我们现行的法律都按照这个制度运行，你一个人要想复古，恐怕十分艰难。

聚贵先生抱着略微有些秃顶的脑袋说，那我怎么办呢？

我说，你可以到还保留着一夫多妻制的某些国家去，或者，回到清朝。再有一个法子，就是放弃一夫多妻制的想法，务实地站在21世纪的中国土地上，想想你怎么走出困境。

聚贵先生说，我没法子到现在还保留着一夫多妻的国家去，我也没法子回到清朝，我只有改变了。

关于聚贵先生的困境和他走出困境的步骤，我在这里就不赘述了。总而言之，男子中抱着一夫多妻想法的人，不在少数。有些人或许没有察觉，以为自己有道德规范管着呢，不会犯这样的错误。这里其实有一点需要高度注意，雄性期待着比较多的配偶，是一种生物本能。这一点不必讳言，也不是耻辱。在人类的进化史上，这

种同动物界类似的法则，也绵延过漫长年代。现行的一夫一妻制，既是一种进步，也是一种对人的本能的制约。这种制约是为了人类社会的和平和发展，起码，它在现阶段是最可行的。

认识到了这一点，我们看待这一类的出轨和变故，就比较能心平气和。

疲　倦

疲倦是现代人越来越常见的一种生存状态，在我们的周围，随便看一眼吧，有多少垂头丧气的儿童？萎靡不振的青年？疲惫已极的中年？落落寡欢的老年……人们广泛而漠然地疲倦了。很多人已见怪不怪，以为疲倦是正常的了。

有一次，我把一条旧呢裤送到街上的洗染店。师傅看了以后，说，我会尽力洗熨的。但是，你的裤子，这一回穿得太久了，恐怕膝盖前面的鼓包是没法熨平了，它疲倦了。

我吃惊地说，裤子——它居然也会疲倦？

师傅说，是啊。不但呢子会疲倦，羊绒衫也会疲倦的，所以，穿过几天之后，你要脱下晾晾它，让毛衫有一个喘气的机会。皮鞋也会疲倦的，你要几双倒换着上脚，这样才可延长皮子的寿命……

我半信半疑，心想，莫不是这老师傅太热爱他所从事的工作了，所以才这般体恤手下无生命的衣料。

又一次，我在一家先进的工厂，看到一种特别的合金，如同谄媚的叛臣，能折弯多少次，韧度不减。我说，真是天下无双了。总工程师摇摇头道，它有一个强大的对手。

我好奇地发问，谁？总工程师说：就是它自己的疲劳。

我讶然，金属也会疲劳啊？

总工程师说，是啊。这种内伤，除了预防，无药可医。如果不在它的疲劳限度之前，让它休息，那么，它会突然断裂，引发灾难。

那一瞬，我知道了疲倦的厉害。钢打铁铸的金属尚且如此，遑论肉胎凡身！

疲倦发生的时候，如同一种会流淌的暗流，在皮肤表面蔓延，使人整个儿地困顿和蜷缩起来。如果不加克服和调整，这种黏滞的不适，就会如寒露一般，侵袭到我们身体的底层。到那个悲惨的时候，我们就不再将这种令人不安的情况，称之为“疲倦”了，我们会径直地说——我病了——我垮了。

疲倦首先是从眼睛开始的。在通常需要集中注意力的时刻，我们无奈地垂下睫毛。我们以自己的充满了血液的眼帘，充当了厚重的幕布，隔绝光线和信息无休止地介入。我们就地取材地为自己制造了一场人工的黑暗。

在那些老生常谈的会议上，在那些议而不决的争执中，在那些絮絮叨叨的繁杂中，在那些痛苦焦灼的等待中……五花八门的无聊冲击，让我们的瞳孔，首当其冲地磨损了。它无法明亮、清晰地观察这个世界，便怯懦地后退了，选择了躲闪和逃避。

疲倦然后蔓延到我们的表情。疲倦的人，通常是无精打采的。在呆滞的目光之下，是苍白或是潮红的面庞。疲倦使血的流速异常地减慢或是加快，失却了内部的平衡与稳定。在应该急速反应的时候，疲倦的人延宕迟疑。在应该稳健沉着的时候，疲倦的人如同受惊的公鸡一般病态亢奋。殊不知这种竭泽而渔的抖擞，更加快了疲倦的发展。

疲倦的人，很难听到别人的声音。因为，声音是一种锐利的刺激。你丧失快速反应的同时，为了遮盖你的乏力，索性封闭了传达的通道。常常听到有人说，对不起，我把某某事忘记了。别人不解，奇怪他记忆为何如此之差？其实结论可能很简单——他疲倦了。疲倦的时候，我们的耳朵就不由自主地关拢闸门。不要埋怨他们的听觉，猜疑他们的品质，负罪的该是疲倦。

疲倦的人，通常懒言寡语。发表意见，是为了阐发观点，影响他人。此种特别的愉悦，来自为了让世界注意你的存在。你丧失了对外界的关注，也就主动取消了自己的发言权。当你不再聆听的同时，你也不再歌唱。喉舌是听命于大脑的。大脑钝了，大脑枯竭了，大脑空白了，我们必无话可说。

当疲倦在全身泛滥的时候，我们是徒有虚名的人了。我们了无热情，心灰意懒。我们不再关注春天何时萌动，秋天何时飘零。我们迷茫地看着孩子的微笑，不知道他们为何快乐。我们不爱惜自己了，觉察不到自己的珍贵。我们不热爱他人了，因为他人是使我们厌烦的源头。我们麻木困惑，每天的太阳都是旧的。阳光已不再播撒温暖，只是射出逼人的光线。我们得过且过地敷衍着工作，因为它已不是创造性思维的动力。

疲倦是一种淡淡的腐蚀剂，当它无色无嗅地积聚着，潜移默化地浸泡着我们的时候，意志的酥软就发生了。

在身体疲倦的背后，是精神率先疲倦了。我们丧失了好奇心，不再如饥似渴地求知，生活被纳入灰色的模式。甚至婚姻也会疲倦。它刻板地重复着，没有新意，没有发展。婚姻的弹性老化了，像一只很久没有充气的球，表皮皲裂，塌陷着，摔到地上，“噗噗”地发出充满怨恨的声音，却再不会轻盈地跳起，奔跑着向前。

疲倦到了极点的时候，人会完全感觉不到生命和生活的乐趣，所有的感官都在感受苦难，于是它们就保护性地、不约而同地封闭了。我们便被闭锁在一个狭小的茧里，呼吸窘迫，四肢蜷曲，渐渐逼近窒息了。

疲倦的可怕，还在于它的传染性。一个人疲倦了，他就变成一炷迷香，在人群中持久地散布着疲倦的细微颗粒。他低落地徘徊着，拖曳着整体的步伐。当我们的周围生活着一个疲倦的人时，就像有一个饿着肚子的人，无声地要求着我们把自己精神的谷粒，拨一些到他的空碗中。不过，如果我们这样做了之后，才发觉不但没有使他振作起来，自身也莫名其妙地被削弱了。

当疲倦发生的时候，我们怎么办呢？

当无计可施的时候，看看大自然吧。当春天的花开得疲倦的时候，它们就悄然地撤离枝头，放弃了美丽，留下小小的果实；当风疲倦的时候，它就停止了荡涤，让大地恢复平静；当海浪疲倦的时候，洋面就丝绸般安宁了；当天空疲倦的时候，它就用月亮替换太阳……

人们应对疲倦的办法，没有自然界高明。不信，你看。当道路疲倦的时候，就塞车；当办公室疲倦的时候，就推诿和没有效率；当组织者疲倦的时候，就出现混乱和不公；当社会疲倦的时候，就冷漠和麻木……

疲倦对我们的伤害，需要平心静气地休养生息。让目光重新敏锐，让步伐恢复轻捷，让天性生长快乐，让手足温暖有力。耳朵能够捕捉到蜻蜓的呼吸，发梢能够感受到阳光的抚摸，微笑能如鲜橙般耀

眼，眼泪能如菩提般仁慈……

疲倦是可以战胜的，法宝就是珍爱我们自己。疲倦是可以化险为夷的，战术就是宁静致远。疲倦考验着我们，折磨着我们。疲倦也锤炼着我们，升华着我们。

做一棵城市树需要勇气

城市中的树较乡村中的树，须更经得起吵闹。乡村是安静的，有黎明前的黑暗和黄昏的炊烟，城里的树却是要被五花八门的噪声轰得聋掉。如果把城市的树叶和乡村的树叶堆到一起，拿一把音叉来测它们对声音的反应，乡村的树叶一定是灵敏和易感的，像婴儿一样好奇。城市的树叶却像饱经沧桑的老汉，有点儿大智若愚地呆傻在那里。

城市的树比旷野中的树，要肮脏许多。它们的脸上蒙着汽油、柴油、花生油和地沟油的复合膏脂，还有女人飘荡的香粉和犬的粪便干燥之后的微粒。旷野当中的树啊，即使屹立在沙尘暴中，披满了黄土的斗篷上点缀着不规则的石英屑，寒碜粗糙，却有着浑然一体的本色和单纯。

城市中的树比起峡谷中的树，要谨小慎微得多。不可以放肆地飞舞杨花柳絮，那会让很多娇弱的城里人过敏，也污染了春光明媚的镜头里的嫣然一笑。城里人只会喜欢鳏夫和寡居的树，那些太一致、太规整的树林，让人感觉不到树的天性，仿佛列队的锡兵。只有峡谷中的树，才是精神抖擞、风流倜傥的，毫不害羞地让鸟做媒人，让风做媒人，让过往的一切动物做媒人，一日一夜间，把几千万的子嗣洒向天穹，任它们天各一方。

城市中的树比山峰上的树，要多经几番挣扎磨难，还有突如其来的灾变。下雪之后，勤快的人们会把融雪剂堆积在树干深处。化学的物质和雪花掺杂在一起，清凉如水貌似温柔，其实是伪装过的咸盐的远亲，无声无息地渗透下去，春夏之交才显出谋杀的威风，盛年的树会被腌得一蹶不振。个别体质孱弱的树，花容憔悴之后便被索了命去。

城市中的树比之平原中的树，多和棍棒金属之类打交道。平原的树，也是要见刀兵的，那只限被请去做梁做檩的时候，虽死犹荣。城市中的树，却是要年年岁岁屡遭劫难。手脚被剁掉，冠发被一指剃去，腰肢被捆绑，百骸上勒满了一种叫作“瀑布灯”的电线。到了夜晚的时候，原本朴素的树就变成了圣诞树一样的童话世界，有了虚无缥缈的仙气。

当然了，说了这许多城市树的委屈，它们也有得天独厚的享受。当乡下的树把根系拼命地往地下扎，在大旱之年汲取水分的时候，城市里的树却能喝到洒水车喷下的甘霖。可惜当暴风雨突袭时，最先倒伏的正是那些城里的大树，它们头重脚轻，软了根基。

城市的树还有一个好处，就是常常被许多人抚摸。只是至今我也弄不明白，倘若站在一棵树的立场上，被人抚摸是好事还是坏事？窃以为凶多吉少。树是一条鲜活的生命，喜欢自由自在、我行我素。它不是一朵云或是一条狗，也不是恋人的手或是一沓钞票。君不见若干得了“五十肩”的半老不老之人，为了自己的胳膊康复，就揪住了树的胳膊荡秋千。他们兴高采烈地运动着，听不到树的叹息。

城市的树还像城市里的儿童一样，常常被灌进各式各样的打虫药，我始终搞不懂这究竟是树的幸福还是树的苦难。看到树上的虫子在药水的毒杀下，如冰霰一般落下，铺满一地，过往的行人都要撑起遮阳伞才敢匆匆走过。为树庆幸的同时，有没有良心的思忖：树若在山中沐浴，临风摇头摆脑，还会生出这般浓密的虫群吗？

如此说来，做一棵城市里面的树，是需要勇气的。它们背井离乡到了祖先所不熟悉的霓虹灯下，那地域和风俗的差异，怕是比一个民工所要遭受的惊骇还要大吧。它们把城市喧嚣的废气吞进叶脉，把芜杂的音响消弭在摇曳之中，它们用并不鲜艳的绿色装点着我们的城市。夜深了，它们还不能安眠，因为不肯熄灭的路灯还在照耀着城市。路灯在某种程度上成了打折扣的太阳，哺育着附近的叶子。不信你看，每年深秋最后抖落残绿的树，必定是最靠近电线杆的那些棵。

有的人像树，有的人不像树。像树的人，有人在乡下，有人在城市里。城市里的树，骨子里不再是树了，变成了人的一部分，最坚忍最朴素的一丛，无语地生活着。

爱怕什么

爱挺娇气挺笨挺糊涂的，有很多怕的东西。

爱怕撒谎。当我们不爱的时候，假装爱，是一件痛苦而倒霉的事情。假如别人识破，我们就成了虚伪的坏蛋。你骗了别人的钱，可以退赔，你骗了别人的爱，就成了无赦的罪人。假如别人不曾识破，那就更惨。除非你已良心丧尽，否则便要承诺爱的假象，那心灵深处的绞杀，永无宁日。

爱怕沉默。太多的人，以为爱到深处是无言。其实爱是很难描述的一种感情，需要详尽的表达和传递。爱需要行动，但爱绝不仅仅是行动，或者说语言和温情的流露，也是行动不可或缺的部分。我曾经和朋友们做过一个测验，让一个人心中充满一种独特的感觉，然后用表情和手势做出来，让其他不知底细的人猜测他的内心活动。出谜和解谜的人都欣然答应，自以为百无一失，结果，能正确解码的人少得可怜。当你自觉满脸爱意的时候，它有精致的包装，没有夸口的广告，但它有内在的质量保证。真爱并非不会发生短路与损伤，但是它有保修单，那是两颗心的承诺，写在天地间。

爱是一个有机整体，怕分割。好似钢化玻璃，据说坦克压上也不会碎，可惜它的弱点是宁折不弯，脆不可裁。一旦破碎，就裂成了无数蚕豆大的渣滓，流淌一地，闪着凄楚的冷光，再也无法复原。

爱的脚力不健，怕远。距离会漂淡彼此相思的颜色，假如有可能，就靠得近一点，再近一点，直到水乳交融亲密无间。万万不要人为地以分离考验它的强度，那你也许后悔莫及，尽量地创造并肩携手天人合一的时光。

爱像仙人掌类的花朵，怕转瞬即逝。爱可以不朝朝暮暮，爱可以不卿卿我我，但爱要铁杵磨成针，恒远久长。

爱怕平分秋色。在爱的钢丝上不能学高空王子，不宜做危险动作。即使你摇摇晃晃，一时不曾跌落，也是偶然性在救你，任何一阵旋风，都可能使你飘然坠毁。最明智最保险的是赶快从高空回到平地，在泥土上留下深深脚印。

爱怕刻意求工。爱可以披头散发，爱可以荆钗布裙，爱可以粗茶淡饭，爱可以餐风露宿。只要一腔真情，爱就有了依傍。

爱的时候，眼珠近视散光，只爱看江山如画；耳是聋的，只爱听莺歌燕舞。爱让人片面，爱让人轻信。爱让人智商下降，爱让人一厢情愿。爱最怕的，是腐败。爱需要天天注入激情的活力，但又如深潭，波澜不惊。

说了爱的这许多毛病，爱岂不一无是处？

爱是世上最坚固的记忆金属，高温下不融化，冰冻不脆裂。造一架爱的航天飞机，你就可以驾驶着它，遨游九天。

爱是比天空和海洋更博大的宇宙，在那个独特的穹隆中，有着亿万颗爱的星斗，闪烁光芒。一粒小行星划下，就是爱的雨丝，缀起满天清光。

爱是神奇的化学试剂，能让苦难变得香甜，能让一分钟驻成永远，能让平凡的容颜貌若天仙，能让喃喃细语压过雷鸣电闪。

爱是孕育万物的草原。在这里，能生长出能力、勇气、智慧、才干、友谊、关怀……所有人间的美德和属于大自然的美丽天分，爱都会赠予你。

在生和死之间，是孤独的人生旅程。保有一份真爱，就是照耀人生得以温暖的灯。

第三辑

为自己建立快乐的生长点

人生总是有灾难，
其实大多数人早已练就了对灾难的从容，
我们只是还没有学会灾难间隙的快活。
我们太注重让自己警觉苦难，
我们太忽视提醒幸福。

情感按钮

情感有按钮吗？

常常想，却没有答案。

人们很爱说，你不要情感用事，那神情像是在上书一个君主，不要起用一个坏武将。因为情感出马的时候，是莽撞的、不经思考的、没有胜算的，甚至一败涂地的，情感在这里成了不折不扣的贬义词。

情感真的是贬义的吗？如果，真的是，那么，就应该——把人五颜六色的情感都阉割了，变成一架没有情感的素白骨骼。

然而，这个世界上已经有了太多的机器，缺少的正是有血有肉有风骨有情愫有气节有慈悲的汉子和女子啊！

不信，咱们打个赌试试。

你愿意娶一个没有情感的女子吗？恐怕绝大多数的男子会说：不！

你愿意嫁一个没有情感的汉子吗？几乎所有的女子都会说：不！

你愿意生一个没有情感的孩子吗？不！不！我猜这是无数母亲的唯一答案。

你愿意有一个没有情感的母亲吗？不！绝不！我断定所有的孩子

都会这样回答。

你愿意在没有情感的老师麾下当学生吗？学生们一定异口同声地说：不！

你愿意在没有情感的老板手下当员工吗？不！员工们会谨慎而坚定地作答。

你愿意在没有情感的国度里生活吗？不！不！几乎所有的公民都会这样说！

人们这样需要情感，情感看来是万万少不了的。

但情感也需有节制，所有的事物都要有节制，超过了限制就是灾难。涓涓溪流是美丽的，不断地加大流量，成了滔滔洪水就是祸端。暖暖春光是惬意的，热下去再热下去，温度不断升高，成了烈火焚烧就是酷刑。适当的愤怒，适当的哀伤，适当的哭泣，适当的欢喜……如果它们的力度是恰到好处的，那么每一种情感，都是动力，都会让我们的生活丰富多彩，充满连绵不绝的激情与活泼的张力。

可惜，情感的特征就是不受控制。在某种程度上，它我行我素，自说自话，如同脱缰野马，洒脱不羁。所以，给情感安上一个按钮，就是非常必要的了。

情感按钮，它应该是圆的还是方的？什么颜色呢？谁来掌控呢？

都是问题。

依我看，情感按钮最好是液晶屏的，轻轻一触，不显山不露水地就完成了操作。如果你想发火，在别人还没有发现的当儿，你就在第一瞬间，觉察到了这喷薄欲出的火苗来自何方。你会问自己，除了发火，我还有没有更好的表达方式？面前的这个人，这个时间，这个地点，是不是我发泄愤怒的最好对象与时空？发火除了让我有片刻的快意以外，会不会造成更长远的伤害和后果？如果你将这一切都考虑周全了，你还是想勃然大怒，我觉得那就让火山爆发一次吧。这就像你的武器库里有一枚原子弹，你就是超级大国的总统，你有核按钮。只是所有的爆炸都是有强大破坏力的，你可以炸毁邪恶，也可能粉碎自我。如果你悲痛欲绝，你是可以哭的，不但可以无声地哭泣，也可以声震寰宇号啕痛哭。情感没有对错之分，只有存在与否。既然存在了，就要像对付堰塞湖一样，挖一条导流渠，让危险的库容降低。能缓慢地释放最好，实在不行了，也要爆破，总之，宜疏不宜堵。不然，所有的情感都蕴藏着巨大的能量，一旦失去控制，就会电闪雷鸣风驰电掣地狂泻起来，那就极容易溃坝伤人。

情感按钮的形状，我觉得最好是椭圆形的。关于圆形的好处，各种书上都有解释，有说这样最省材料，有说这样最美观，还有说这样最方便的。关于椭圆形的好处，讲的似乎不多。椭圆形，应该是圆形的弟弟吧。先有了圆形，然后圆形在某种压力下，就变成了椭圆形。圆形的所有优点它都保存着，只是比圆形更多了一些灵活变通。我喜欢椭圆形的原因是，它没有棱角，从任何方向抚摸起来，都是妥帖的，流畅的，简便的。既然我们的情感需要控制，那么这个按钮，当然以便利快捷温润周全为好。

如果要给情感按钮规定一种颜色，什么色好呢？红色，太鲜艳了，如果是火冒三丈的时候，这本身就是一个强烈的刺激。要不，黄色？想想，似乎太触目惊心了一点儿。想那海难的救生衣，道路的危险警示，都是或深或浅加入了一点红橙的黄。甫一看到，就让人警

觉，甚至有不祥的预感。情感的按钮，还是更祥和一些吧。要不就绿色？环保并且时尚。细一琢磨，似乎稍微稚弱和青翠了些，不够坚定强韧。思来想去，最后决定取沧海和蓝天的色泽。

情感按钮，就用包容一切的蓝吧。海水的蔚蓝，翻起的浪花是雪白的，如同硕大无比的蓝宝原石，镶着银亮而曲折的边。我乘坐游轮环球旅行，每日看不够的就是无边无际的大海了。我惊叹这个星球上有那么多的水，那么广阔的蓝色，而且，它们绝不单调枯燥，而是变幻无穷。不知哪里来的不竭动力，它们无时无刻不在充满胜利地涌动着，含蓄但深不可测。中国有句古话，叫作“仁者乐山，智者乐水”。我因为从小就在西藏当兵，和无数山峦相依为命，虽不敢自诩为仁者，却是爱山的，如同爱一位同宿舍的老友。这一次，见了真正浩渺无际奔腾不息的大海，才知道自己是多么崇拜水啊。不是智者，但是爱水，爱这孕育了无数生灵的颜色。

物种的起源，是来自水的。想当初，我们都是最简单的孢子，遨游水中。我们从海洋那里得到了最初的营养，开始了步履蹒跚的进化长征。如今我们成了这个星球上最智慧的生物，我们也面临着巨大的危机。看到海洋的时候，我们的心会宁静下来，在它面前，我们是如此渺小而单薄，比一朵浪花的生涯更短暂飘忽。一朵浪花的前世今生，可能进过鱼腹，可能幻成彩霞，可能成为雨滴和寒露，可能在蚌壳的体内变成珍珠……很多人的一生，绝无这般精彩绚丽。

还是回到情感按钮这里吧。我们每个人都在自己的情感之河上竖立一座水闸，它有一个蓝色的椭圆形的如同海洋之眼的按钮。当你无法控制自己情绪的时候，就轻轻地触摸它，它是光洁温凉的，带给你镇定和松弛。如果你真的要放纵一次自己的情绪，就请在慎重思考之下，把按钮按下。如果你在这样的触摸中，渐渐地冷静下来，找到了另外的出口，那么，恭喜你啊，避免了一场情绪的厮杀。

拒绝分裂

分裂是个可怕的词。一个国家分裂了，那就是战争。一个家庭分裂了，那就是离异。一个民族分裂了，那就是苦难。整体和局部分裂了，那就是残缺。原野分裂了，那就是地震。天空分裂了，那就是黑洞。目光分裂了，那就是斜眼。思想和嘴巴分裂了，那就是心口不一。人的性格分裂了，那就是精神病，俗称“疯子”。

早年我读医科的时候，见过某些精神病人发作时的惨烈景象，觉得“精神分裂症”这个词欠缺味道，还不够淋漓尽致入木三分。随着年龄的增长和阅历的丰富，这才知道“分裂”的厉害。

分裂在医学上有特殊的定义，这里姑且不论。用通俗点的话说，就是在我们的心灵和身体里，存在着两个司令部。一个命令往东，另一个指示往西或是往南，也可能往北。如同十字路口有多组红绿灯在发号施令，诸车横冲直撞，大危机就随之出现了。

分裂耗竭我们的心理能量，使我们衰弱和混乱。有个小伙子，人很聪明敏感，表面上也很随和，从来不向别人发火。他个矮人黑，大家就给他起外号，雅的叫“白矮星”，简称“小白”。俗的叫“碌碡”，简称“老六”。由于他矮，很多同学见到他，就会不由自主地胡噜一下他的头发，叫一声“六儿”或是“小白”，他不恼，一概应承着，附送谦和的微笑，因而人缘很好。终于，有个外校的美丽女生，在一次校际联欢时，问过他的名字后，好奇地说，你并不姓白，大家为什么称你“小白”？这一次，他面部抽搐，再也无法微笑了。女生又问他是不是在家排行第六？他什么也没说，猛转身离开了人声鼎沸的会场。第二天早上，在校园的一角发现了他的尸体。人们非常震惊，百思不得其解，有人以为是谋杀。在他留下的日记里，述说着被人嘲弄的苦闷，他写道：为什么别人的快乐要建立在我的痛苦之上？每当别人胡噜我头顶的时候，我都恨不得把他的爪子剁下来。可是，我不能，那是犯罪。要逃脱这耻辱的一幕，我只有到另一个世界去了……

大家后悔啊！曾经摸过他头顶的同学，把手指攥得出血，当初以为是亲昵的小动作，不想却在同学的心里刻下如此的深重创伤，直到绞杀了他的生命。悔恨之余，大家也非常诧异他从来没有公开表示过自己的愤怒。哪怕只有一次，很多人也会尊重他的感受，收回自己的轻率和随意。

这个同学表面上的豁达，内心的悲苦，就是一个典型的分裂状态。如果你不喜欢这类玩笑和戏耍，完全可以正面表达你的感受。我相信，绝大多数的人都会郑重对待，改变做法。当然，可能部分人会恶作剧地坚持，但你如果强烈反抗，相信他们也会有所收敛。那些忍辱负重的微笑，如同错误的路标，让同学百无禁忌，终致酿成惨剧。

如果你愤怒，你就呐喊。如果你哀伤，你就哭泣。如果你热爱，你就表达。如果你喜欢，你就追求。

如果你愤怒，却佯作宽容，那不但是分裂，而且是混淆原则。如

果你哀伤，却佯作欢颜，那不但是分裂，而且是对自己的污损。

如果你热爱，却反倒逃避，那不但是分裂，而且是丧失勇气。如果你喜欢，却装出厌烦，那不但是分裂，而且是懦弱和愚蠢……

所有的分裂都是要付出代价的。轻的是那稍纵即逝的机遇，一去不复返。重的就像刚才说到的那位朋友，押上了宝贵的生命。最漫长而隐蔽的损害，也许使你一生郁郁寡欢沉闷萧索，每一天都在迷惘中度过，却始终不知道这是为什么。

一位女生，与我谈起她的初恋。其实恋爱是一个古老的话题，地球上曾经生活过的几百亿人都曾遭逢。但每一个年轻人，都以为自己的挫败独一无二。女生说她来自小地方，为了表示自己的先锋和前卫，在男友的一再强求下，和他同居了，后来，男友有了新欢抛弃了她。极端的忧虑和愤恨之下，女生预备从化工商店买一瓶硫酸。

你要干什么？我说。

他取走了我最珍贵的东西，我要把他的脸变成蜂窝。该女生网满红丝的眼光，有一种母豹的绝望。

我说，最珍贵的东西，怎么就弄丢了？

女生语塞了，说，我本不愿给的，怕他说我古板不开放，就……

我说，既然你要做一个先锋女性，据我所知，这样的女性对无爱的男友，通常并不选择毁容。

女生说，可我忍不了。

我说，这就是你矛盾的地方了。你既然无比珍爱某样东西，就要千万守好，深挖洞，广积粮，藏之深山，不要被花言巧语迷惑，假手他人保管。你骨子里是个传统的女孩，你需尊重自己的选择。如果真要找悲剧的源头，我觉得你和男友在价值观上有所不同。你在同居的时候崇尚“解放”，蔑视传统的规则。你在被遗弃的时候，又祭起了古老的道德。我在这里不做价值评判，只想指出你的分裂状态。你要毁他容颜，为一个不爱你的人，去违犯法律伤及生命，这又进入一个可怕的分裂状态了。人们认为恋爱只和激情有关，其实它和我们每个人的历史相连。爱情并不神秘，每个人背负着自己的世界观走向另一个人。

世上也许没有绝对的对和错，但有协调和混乱之分，有统一和分裂的区别。放眼看去，在我们周围，有多少不和谐不统一的情形，在蚕食着我们的环境和心灵。

我们的身体，埋藏着无数灵敏的窃听器，在日夜倾听着心灵的对话。如果你生性真诚，却要言不由衷地说假话，天长日久，情绪就会蒙上铁锈般的灰尘。如果你不喜欢一项工作，却为了金钱和物质埋首其中，你的腰会酸，你的胃会痛，你会了无生活的乐趣，变成一架长着眼睛的机器。如果你热爱大自然，却被幽闭在汽油和水泥构筑的城堡中，你会渐渐惆怅枯萎，被榨干了活泼的汁液，压缩成一个标本。如果你没有相濡以沫的情感，与伴侣漠然相对，还要在人前做举案齐眉的恩爱夫妻状，那你会失眠会神经衰弱会得癌症……

这就是分裂的罪行。当你用分裂掩盖了真相，呈现出泡沫的虚假繁荣之时，你的心在暗中哭泣。被挤压的愁绪像燃烧的灰烬，无声地蔓延火蛇。将来的某一个瞬间，嘭地燃放烈焰，野火四处舔食，烧穿千疮百孔的内心。

分裂是一种双重标准。有人以为我们的心很大，可以容得下千山万水。不错，当我们目标坚定人格统一的时候，的确是这样。但当我们为自己设下了相左的方向，那相互抵消的劲道就会撕扯我们的心，让它皱缩成团，局促逼仄窒息难耐。

人是很奇怪的动物。如果你处在分裂的状态，却又要掩饰它，你就会不由自主地虚伪。我听一位年轻的白领小姐说，她的主管无论在学识和人品上，都无法让她敬佩，可人在矮檐下，不得不低头。她怕主管发现了自己的腹诽，就格外地巴结讨好甚至谄媚，结果虽然如愿以偿加了薪，可她不快乐不开心。

我说，你可以只对她表示职务上工作上的服从和尊重，而不臧否她的人品。

白领小姐说，我怕她不喜欢我。

我说，那你喜欢她吗？

白领小姐很快回答，我永远不会喜欢她。

我说，其实，我们由于种种的原因，不喜欢某些人，是完全正常的事情，不喜欢并不等于不能合作。如果你和你所不喜欢的上司，只保持单纯而正常的工作关系，这就是统一。但要强求如沐春风亲密无间，这就是分裂，它必然带来情绪的困扰和行动的无所适从。其结果，估计你的主管也不是个愚蠢女人，她会察觉出你的口是心非。

白领小姐苦笑说，她已经这样背后评价我了。

分裂的实质常常是不能自我接纳。我们压抑自己的真实感受，以为它是不正当不光彩的，我们用一种外在的标准修正自己的心境和行为，这其实是一种自我欺骗，委屈了自己也不能坦然对人。

有人说，找工作时，我想到这个单位，又想到那个机构，拿不定主意。要是能把两个单位的优点都集中到一起，就比较容易选择了。

有人说，找对象时，我想选定这个人，又想到那个人也不错，要是能把两个人的长处都放在一个人身上，那就很容易下定决心了。

当我们举棋不定的时候，通常就是一种分裂状态。你想把现实的一部分像积木一样拆下来，和另一部分现实组装起来，成为一个虚拟的世界。

这是对真实一厢情愿的阉割。生活就是泥沙俱下，就是鲜花和荆棘并存。尊重生活的本来面目，接受一个完整统一的真实世界，由此决定自己矢志不渝的目标，也许是应对分裂的法宝之一。

提醒幸福

我们从小就习惯了在提醒中过日子。天气刚有一丝风吹草动，妈妈就说，别忘了多穿衣服。才相识了一个朋友，爸爸就说，小心他是个骗子。你取得了一点成功，还没容得乐出声来，所有关切着你的人一起说，别骄傲！你沉浸在欢快中的时候，自己不停地对自己说：千万不可太高兴，苦难也许马上就要降临……

我们已经习惯于提醒，提醒的后缀词总是灾祸。灾祸似乎成了提醒的专利，把提醒也染得充满了淡淡的贬义。

我们已经习惯了在提醒中过日子，看得见的恐惧和看不见的恐惧始终像乌鸦盘旋在头顶。

在皓月当空的良宵，提醒会走出来对你说：注意风暴。于是我们忽略了皎洁的月光，急急忙忙做好风暴来临的一切准备。当我们大睁着眼睛枕戈待旦之时，风暴却像迟归的羊群，不知在哪里徘徊。当我们实在忍受不了等待灾难的煎熬时，我们甚至会恶意地祈盼风暴早些到来。

在许多夜晚，风暴始终没有降临。我们辜负了冰冷如银的月光。

风暴终于姗姗地来了。我们怅然发现，所做的准备多半是没有用的。事先能够抵御的风险毕竟有限，世上无法预计的灾难却是无限的。战胜灾难靠的更多的是临门一脚，先前的惴惴不安帮不上忙。

当风暴的尾巴终于远去，我们守住凌乱的家园。气还没有喘匀，新的提醒又智慧地响起来，我们又开始对未来充满恐惧的期待。

人生总是有灾难。其实大多数人早已练就了对灾难的从容，我们只是还没有学会灾难间隙的快活。我们太注重警觉苦难，我们太忽视提醒幸福。

请从此注意幸福！

幸福也需要提醒吗？

提醒注意跌倒……提醒注意路滑……提醒小心上当……提醒荣辱不惊……先哲们提醒了我们一万零一次，却不提醒我们享受幸福。

也许他们认为幸福不提醒也跑不了的。也许他们以为好的东西你自会珍惜，犯不上谆谆告诫。也许他们太崇尚血与火，觉得幸福无足挂齿。他们总是站在危崖上，指点我们逃离未来的苦难。

但避去苦难之后的时间是什么？

那就是幸福啊！

享受幸福是需要学习的，当幸福即将来临的时刻需要提醒。

人可以自然而然地学会感官的享乐，却无法天生地掌握幸福的韵律。灵魂的快意同器官的舒适像一对孪生兄弟，时而相傍相依，时而南辕北辙。

幸福是一种心灵的震颤，它像会倾听音乐的耳朵一样，需要不断地训练。

简言之，幸福就是没有痛苦的时刻。它出现的频率并不像我们想象的那样少。人们常常只是在幸福的金马车已经驶过去很远，捡起地上的金鬃毛说，原来我见过它。

人们喜爱回味幸福的标本，却忽略幸福披着露水散发清香的时刻。那时候我们往往步履匆匆，瞻前顾后，不知在忙着什么。

世上有预报台风的，有预报蝗虫的，有预报瘟疫的，有预报地震的。没有人预报幸福。

其实幸福和世界万物一样，有它的征兆。

幸福常常是朦胧地、很有节制地向我们喷洒甘霖。你不要总希冀轰轰烈烈的幸福，它多半只是悄悄地扑面而来。你也不要企图把水龙头拧得更大，使幸福很快地流失，而需静静地以平和之心，体验幸福的真谛。

幸福绝大多数是朴素的。它不会像信号弹似的，在很高的天际闪烁红色的光芒，它披着本色的外衣，亲切温暖地包裹起我们。

幸福不喜欢喧嚣浮华，常常在暗淡中降临。贫困中相濡以沫的一块糕饼，患难中心心相印的一个眼神，父亲一次粗糙的抚摸，女友一个温馨的字条……都是千金难买的幸福啊。像一粒粒缀在旧绸子上的红宝石，在凄凉中越发熠熠夺目。

幸福有时会同我们开一个玩笑，乔装打扮而来。机遇、友情、成功、团圆……它们都酷似幸福，但它们并不等同于幸福。幸福会借了它们的衣裙，袅袅婷婷而来，走得近了，揭去帏幔，才发觉它有钢铁般的内核。幸福有时会很短暂，不像苦难似的笼罩天空。如果把人生的苦难和幸福分置天平两端，苦难体积庞大，幸福可能只是一块小小的矿石。但指针一定会向幸福这一侧倾斜，因为它是有生命的黄金。

幸福有梯形的切面，它可以扩大也可以缩小，就看你是否珍惜。

我们要提高对幸福的警惕，当它到来的时刻，激情地享受每一分钟。据科学家研究，有意注意的结果比无意要好得多。

当春天到来的时候，我们要对自己说，这是春天啦！心里就会泛起茸茸的绿意。

幸福的时候，我们要对自己说，请记住这一刻！幸福就会长久地伴随我们。

那我们岂不是拥有了更多的幸福！

所以，丰收的季节，先不要去想可能的灾年，我们还有漫长的冬季来得及考虑这件事。我们要和朋友们跳舞唱歌，渲染喜悦。既然种子已经回报了汗水，我们就有权沉浸幸福。不要管以后的风霜雨雪，让我们先把麦子磨成面粉，烘一个香喷喷的面包。

所以，当我们从天涯海角相聚在一起的时候，请不要踌躇片刻后的别离。在今后漫长的岁月里，有无数孤寂的夜晚可以独自品尝愁绪。现在的每一分钟，都让它像纯净的酒精，燃烧成幸福的淡蓝色火

焰，不留一丝渣滓。让我们一起举杯，说：我很幸福。

所以，当我们守候在年迈的父母膝下时，哪怕他们鬓发苍苍，哪怕他们垂垂老矣，你都要有勇气对自己说：我很幸福。因为天地无常，总有一天你会失去他们，会无限追悔此刻的时光。

幸福并不与财富地位声望婚姻同步，它只是你心灵的感觉。

所以，当我们一无所有的时候，我们也能够说：我很幸福，因为我们还有健康的身体。当我们不再享有健康的时候，那些最勇敢的人可以依然微笑着说：我很幸福，因为我还有一颗健康的心。甚至当我们连心都不再存在的时候，那些人类最优秀的分子仍旧可以对宇宙大声说：我很幸福，因为我曾经生活过。

常常提醒自己注意幸福，就像在寒冷的日子里经常看看太阳，心就不知不觉暖洋洋亮光光。

附耳细说

韩国的古书，说过一个小故事。

一位名叫黄喜的相国，微服出访，路过一片农田，坐下来休息，瞧见农夫驾着两头牛正在耕地。便问农夫，你这两头牛，哪一头更棒呢？农夫看着他，一言不发。等耕到了地头，牛到一旁吃草，农夫附在黄喜的耳朵边，低声细气地说，告诉你吧，边上那头牛更好一些。黄喜很奇怪，问，你干吗用这么小的声音说话？农夫答道，牛虽是畜类，心和人是一样的。我要是大声地说这头牛好那头牛不好，它们能从我的眼神手势声音里分辨出来我的评论，那头虽然尽了力，但仍不够优秀的牛，心里会很难过……

由此想到人，想到孩子，想到青年。

无论多么聪明的牛，都不会比一个发育健全的人，哪怕是稍明事理的儿童，更敏感和智慧。对照那个对牛的心理体贴入微的农夫，世上做成人做领导做有权评判他人的人，是不是经常在表扬或批评的瞬间，忽略了一份对心灵的抚慰？

父母常常以为小孩子是没有或是缺乏自尊心的，随意地大声呵斥他们，为了一点小小的过错，唠叨不止。不管是什么场合，有什么人在场，只顾自己说得痛快，全然不理会小小的孩子是否承受得了。以为只要是良药，再苦涩，孩子也应该脸不变色心不跳地吞下去，孩子越痛苦，越说明对这次教育的印象深刻，越能够起到举一反三的效力。

这样的父母，实在是想错了。

能够约束人们不再重蹈覆辙的唯一缰绳，是内省的自尊和自制。它的本质是一种对自己的珍惜和对他人的敬重，是对社会公有法则的遵守与服从。如果一个孩子从小就在无穷的心理折磨中丧失了尊严，无论他今后所受的教育如何专业，心理的阴暗和残缺很难弥补，人格潜伏着巨大危机。

人们常常以为只有批评才须注重场合，若是表扬，在任何时机任何情形下都是适宜的，这也是一个误区。

批评就像是冰水，表扬好比是热敷，彼此的温度不相同，但都是疗伤治痛的手段。批评往往能使我们清醒，凛然一振，深刻地反省自己的过失，迸发挺进的激奋。表扬则像温暖宜人的淋浴，使人血脉贲张，意气风发，产生勃兴向上的豪情。

但如果是在公众场合的批评和表扬，除了直接对对象的鞭挞和鼓励，还会涉及同时聆听的他人的反应。更不消说领导者常用的策略往往是这样：对个别人的批评一般也是对大家的批评，对某个人的表扬更是对大多数人的无言鞭策。至于做父母的，当着自家的孩子，频频提到别人孩子的品行作为，无论批评还是表扬，再幼稚的孩子也都晓得，更是醉翁之意不在酒的含沙射影。

批评和表扬永远是双刃的剑。使用得好，犀利无比，斩出一条通达的道路，使我们快速向前。使用得不当，就可能伤了自己也伤了他

人，滴下一串串淋漓的鲜血。

我想，对于孩子来说，凡是隶属天分的那一部分，无论是表扬还是批评，都不必过多地拘泥于此。就像玫瑰花的艳丽和小草的柔弱，都有浓重的不可抵挡的天意蕴藏其中，无论其个体如何努力，可改变的幅度不会很大，甚至丝毫无补。玫瑰花绝不会变成绿色，小草也永无芬芳。

人也一样。我们有许多与生俱来的特质，每个人都是不同的，比如相貌，比如身高，比如气力的大小，比如智商的高低……在这一范畴里，都大可不必过多地表扬或是批评。夸奖这个小孩子是如何的美丽，那个又是如何的聪明，不但无助于让他人有的放矢地学习，把别人的优点化为自己的长处，反倒会使没有受表扬的孩子滋生出满腔的怨怼，使那受表扬者繁殖出莫名的优越。批评也是一样，奚落这个孩子笨，嘲笑那个孩子傻，他们自己无法选择换一副大脑或是神经，只会悲观丧气，也许从此自暴自弃。旁的孩子在这种批评中无端地得了傲视他人的资本，便可能沾沾自喜起来，松懈了努力。

批评和表扬的主要驰骋疆域，应该是人的力量可以抵达的范围和深度，它们是评价态度的标尺而不是鉴定天资的分光镜。我们可以批评孩子的懒散，而不应当指责儿童的智力。我们可以表扬女孩把手帕洗得很洁净，而不宜夸赏她的服装高贵。我们可以批评临阵脱逃的怯懦无能，却不要影射先天的多病与体弱。我们可以表扬经过锻炼的强壮机敏，却不必太在意得自遗传的高大与威猛……

不宜的批评和表扬，如同太冷的冰水和太热的蒸汽，都会对我们的精神造成破坏。孩子和年轻人的皮肤与心灵，更为精巧细腻。他们自我修复的能力还不够强大，如果伤害太深，会留下终身难复的印迹，每到淫雨天便阵阵作痛。遗下的疤痕，侵犯了人生的光彩与美丽。

山野中一个农夫，对他的牛都倾注了那样淳厚的爱心。人比牛更加敏感，因此无论表扬还是批评，让我们学会附在耳边，轻轻地说……

警惕吗啡带来的“伪幸福”

人们发现了大自然里有一种美丽的花，叫作“罂粟”。这罂粟不单美丽妖娆，而且还有一个神奇的妙用：罂粟的提取物——鸦片，居然和我们的身体在快乐时所产生的物质极为相似。

“吗啡”是鸦片中最主要的生物碱（含量约百分之十至百分之十五），1806年法国化学家泽尔蒂纳首次将其从鸦片中分离出来。他用分离得到的白色粉末在狗和自己身上进行实验，结果狗吃下去后很快昏昏睡去，用强刺激法也无法使其兴奋苏醒；他本人吞下这些粉末后也长眠不醒。据此，他用希腊神话中的睡眠之神吗啡斯（Morpheus）的名字，将这些物质命名为“吗啡”。

也就是说，吗啡模拟了幸福时的人类分泌系统，吗啡是山寨版的幸福物质，吗啡让人不费吹灰之力，就获取了原本需要长期艰苦努力才能取得的欢愉，吗啡让人类的幸福速成而又廉价。

但是，且慢！吗啡在带给人短暂的“伪幸福”之后，人的身体就进入了成瘾的状态。它再也不是原来那个朴素而有节制地享受幸福的身体了，它变得贪婪而失控。它对毒品的渴求越来越烈，毒品已经成了一种罪恶的“营养素”，整个神经系统对它形成了不可遏制地依赖。

它们就像干涸的土地，需要毒品定时来灌溉，只要供应不上，机体就变成了一架疯狂的机器，引起一系列极为痛苦的症状。为了防止这些症状出现，吸毒者只有不断寻找毒品，饮鸩止渴。随着时间的推延，吸毒者对于毒品的需求越来越大，两次“灌溉”之间的距离越来越短。这时候，吸毒者就完全沦为了毒品魔爪中的“人质”，他们每天唯一的念头，就是不惜一切手段去攫取毒品。他们在败光了自己的财产之后，开始贩卖毒品、杀人越货、无恶不作。

这是一条悲惨的通往地狱的狭路，但在它的入口处，却分明书写着“幸福”二字。你仔细端详，才能发现那是盗版。

这就是吸毒者大致的轨迹。

当我所写的戒毒题材小说《红处方》将在文学期刊上发表的时候，受到了严格的审查，其中最主要的是删除了描写吸毒者最初阶段感觉欢愉和幸福的部分。

我说，为什么呢?

删节者说，这样会鼓励吸毒，他们会觉得吸毒是一件美妙的事情。

我说，可这是事实。正是因为最初阶段的假象，才会诱使不明真相的人深陷其中。

删节者说，不管怎么说，不能把吸毒写得有快感。年轻人好奇，他们会追求这种快感，事情就复杂了。

我说，如果一件事，一开始就给人很痛苦的感觉，人们本能地就会排斥它，也就没有那么危险了。最可怕的情形就是刚刚涉入其中的时候，看到的是鸟语花香，而其实危险就潜伏在这种看起来很舒适欢愉的表象之下。

删节者说，不管怎样，书中只能描写吸毒的痛苦，痛不欲生，这才能起到正面的教育意义。

我最终没能说服他们。据说，一般的稿子只要三审就行了，我的稿子审了七次。

说这段陈年往事，我只是想再次重复，人们在寻求幸福的道路上，要提防魔鬼的化身。真正的幸福，绝不是靠一种化学药品就能达到的，你要付出艰苦卓绝的努力。

内啡肽是神奇的，我们要做自己内啡肽的主人。

仇人的显微镜

人一生，会听到很多评价和意见，你不想听也不行。意见的来源，是个有趣的问题。

说到意见的来源，最简单的可以分成两大类。一大类来自爱你的人，因为希望你进步，希望你好，希望你幸福，所以他们会指出你的不足。通常我们对这类意见，要么是重视过度，要么是过度地不重视。前者是因为亲人在我们眼中就是人间的上帝，句句是真理。后者也因为和凡间的上帝相处得太久了，反倒觉得老生常谈，把它当成了耳旁风。还有一大类意见，来自恨你的人。我说的这个“恨”，不是血海深仇，不是国恨家仇。在本文中，它统指对你印象不好的人，和你不对的人，和你有过节巴望着你倒霉的人。按时下年轻人的话讲，就是和你相克，也许是血型不符，也许是星座不合。那些和你暗中戗着茬儿的龌龊人，恕我简称为你的“仇人”。

对待“仇人”的意见，有一句很经典的话，叫作“走自己的路，让别人说去吧”。这虽是一剂良药，但缺点是起效较慢。很多人试验过这法，有时好几个月甚至好几年之后，才能渐渐在想起“仇人”们的冷语时，心境淡然。还有一个前提——你已经找到了一条路，正在走着，方向感明确，有主心骨，步履轻快，说这话的时候底气才较充足。倘若正在彷徨和苦闷中，雨雾迷蒙，路还不知在何方，或者干脆在路边崴了脚或被野兽咬伤了，创口流着血，那这句经典就稍嫌隔靴搔痒，有点近似精神胜利法了。

面对“仇人”的攻伐，如何是好？

“仇人”的话，杀伤力之所以大，是因为那其中常常是有几分真实的。完全的谎话，其实倒并不可怕，因为除了极为弱智的人，一般都可识破。古语说“谣言止于智者”，现在资讯发达，人也吃了很多深海鱼油，智者可能比古时还要多些，所以对完全胡说八道的东西倒不必太过担心。如果仇人的话，是完全的真实，我看是应该感激的，请你低下自己的头。这不是认输或是领认了侮辱，而是真心实意地表达对真实的敬畏。只要他说得对，不必介意他的人品，只需看重他的意见。仇人的真知灼见，也许会让你因此得到终生受用的教诲，他在无意中就送了一个大礼给你，他就成了你的恩人。这就是很多人常常说，我最感激的是那些侮辱攻击放弃我的人，他们让我懂得了如何做人，才有了今天的成就云云……每逢我听到这种话，总觉得略微矫情了些。我不会感谢那些本来想侮辱我的人，他们不应该因为仇视和狭隘受到感激。仇恨和狭隘，常常是可以置人于死地的，你没有死，是因为你救了自己。你应该感谢的只有一个人，那就是你自己啊。

即使你从仇人喷涌而来的污泥浊水中，荡涤出了金砂，你也可以依然保持你的仇恨，如同保持你脊骨的硬度，但这并不妨碍你思忖他们的意见。因为只有仇人，才会深深研究你的要害。因为他恨你，所以他就时刻盯着你，对你观察得格外细致，思索得格外刻毒。试想一

下，如果我们用显微镜看事物，那普天之下，就没有一处洁净的地方了，到处都是繁殖的细菌、蠕动的螨虫……

然而，依然有阳光。

你的“仇人”，就是瞄准你的显微镜。

拍卖你的生涯

朋友参加过一堂很别致的讲座，对我详细地描绘了一番。

她说：讲座叫作“拍卖你的生涯”。外籍老师发给每人一张纸，其上打印着数十行字。

1. 豪宅

2. 巨富

3. 一张取之不尽、用之不竭的信用卡

4. 美貌贤惠的妻子或英俊博学的丈夫

5. 一门精湛的技艺

6. 一个小岛

7. 一座宏大的图书馆

8. 和你的情人浪迹天涯

9. 一个勤劳忠诚的仆人

10. 三五个知心朋友

11. 一份价值五十万美元并每年可获得百分之二十五纯利收入的股票

12. 名垂青史

13. 一张免费旅游世界的机票

14. 和家人共度周末

15. 直言不讳的勇敢和百折不挠的真诚

……

大家先是愣愣地看着这些项目，之后交头接耳地笑，感觉甚好，本来嘛，全世界的美事和优良品质差不多都集中在此了。

老师拿起一把小槌子，轻敲讲台，蜂房般的教室寂静下来。老师说（他能讲不很普通的普通话），我手里是一把旧槌子，但今天它有某种权威——暂时充当拍卖槌。我要拍卖的东西，就是在座诸位的生涯。

课堂顿起混乱。生涯？一个叫人生出沧桑和迷茫的词语。我们大致明白什么是生存，什么是生活，但不很清楚什么是生涯。我们只是一天天随波逐流地过着，也许七十岁的时候，才恍然大悟，生涯已在朦胧中越来越细了。

老师说，一个人的生涯，就是你人生的追求和事业的发展，它可以掌握在你自己手中。性格就是命运，生涯从属于你的价值观。通常当人们谈到生涯的时候，总觉得有太多的不可把握性，埋藏在未知中，其实它并非想象中那般神秘莫测。今天，我想通过这个游戏，让大家比较清晰地看到自己的爱好，预测自己的生涯。

大家听明白了，好奇地跃跃欲试。

我相信在每一个成人的内心深处，都潜伏着一个爱做游戏的天真孩童，只不过随着时光流逝，蒙上了世故的尘土。

成年以后的我们，远离游戏，以为那是幼稚可笑的玩闹。其实好的游戏，具有开蒙人的智慧、通达人的思维、启迪人的感悟、反省人的觉察的力量，当我们做游戏的时候，就更接近了真我。

老师说，我现在象征性地发给每人一千块钱，代表你一生的时间和精力。我会把这张纸上所列的诸项境况，裁成片，一一举起，这就等于开始了拍卖。你们可以用自己手中的积蓄，购买我的这些可能性。一百块钱起价，欢迎竞价。当我连喊三次，无人再出高价的时候，槌子就会落下，这项生涯就属于你了。注意，我说的是可能性，并非是真正的事实。它的意思就是——你用九百九十九元竞得了豪宅，但并不等于你真的拥有了一片仙境般的别墅，只是说你将穷尽一生的精力，来为自己争取。相信只要你竭尽全力，把目标当成整个生涯的支撑点，达至的可能性甚大。

教室里的气氛骚动之后有些沉凝。这游戏的分量举轻若重，它把我们人生的繁杂目的，约分并形象化了——拼此一生，你到底要什么？

老师举起了第一项拍卖品——拥有一个岛，起价一百元。

全场寂静。一个小岛？它在哪里？南半球还是北半球？大西洋还是太平洋？面积若何？人口多少？有无石油和珊瑚礁？风光怎样？

疑声鹊起，大家迫切希望提供更详尽的资料，关于那个小岛，关于风土人情。老师一脸肃然，坚定地举着那个纸片，拒绝做更进一步的解说。

于是，我们明白了。小岛，就是小小的平平凡凡的一个无名岛。

你愿不愿以一生作赌，去赢得这块海洋中的绿地?

终于，一个平日最爱探险、充满生命活力的女生，大声地喊出了第一个竞价——我出二百!

一个男生几乎是下意识地报出：五百！他的心思在那一瞬很简单，买下荒凉岛屿这样的事件，就该是男子汉干的事情。

但那名个子不高但意志顽强的女生志在必得了，她涨红着脸，一下子喊出了……一千!

这是天价了。每个人只有一千块钱的贮备，也就是说，她已定下以毕生的精力，赢得这个小岛的决心，别的人，只有望洋兴叹了。

那个男生有些悻悻地，说，竞价应该一点点攀升，比如她要出六百，我喊七百……这样也可给别人一个机会。

老师淡然一笑说，我们只是象征性地拍卖，所以可能不合规矩。大家要记住，生涯也如战场，假如你已坚定地确认了自己的目标，就紧紧锁定它，机遇仿佛闪电的翎毛。

大家明白了竞争的激烈，肃静中有了潜藏的紧迫和若隐若现的敌意。

拍卖的第二项是美貌贤惠的妻子或英俊博学的丈夫。

我原以为此项会导致激烈的竞拍，没想到一时门可罗雀。也许因为它太传统和古板，被其他更刺激的生涯吸引，大伙不愿在刚开场不久，就把自己的一生拴入伴侣的怀抱。好在和美的家庭，终对人有不衰的吸引力，在竞争不激烈的情形下，被一位性情温和的男子以七百元买去。

我把指关节攥得紧紧，如果真有一把钞票，会滴下浑浊的水来。

到底用这唯一的机会，买回怎样的生涯？扒拉一下诸样选择中，自己中意的栏目有限，和同志们所见略同也说不准。定谋贵决，一旦确立了自己的真爱，便须直捣黄龙，万不可游移吝惜。要知道，拍的过程水涨船高步步为营。倘稍一迟缓，被他人横刀夺爱，就悔之莫及了。

拍到“取之不尽、用之不竭的信用卡”时，引起空前激烈的争抢。聪明人已发现，所列的诸项，某些外延交叉涵盖，可互相替代。有同学小声嘀咕，有了信用卡，巨富不巨富的，也不吃紧了，想干什么，还不是探囊取物？于是信用卡成了最具弹性和热度的饽饽，一时群情激昂，最后被一奋勇女将自重围中掳走。

其后的诸项拍卖，险象环生，有些简直可以说是个人价值取向甚至隐秘的大曝光。一位众人眼中极腼腆内向的男同学，取走了免费旅游世界的机票，让人刮目相看。一位正在离婚风波中的女子，选择了和情人浪迹天涯，于是有人暗中揣测，她是否已有了意中人？一位手脚麻利助人为乐的同学，居然选了勤劳忠诚的仆人，让全体大跌眼镜，细一琢磨推算，可能他总当一个勤快人，已经厌烦，但又无力摆脱这约定俗成的形象，出于补偿的心理，干脆倾其所有，买下对另一个人的指挥权吧。一旦咀嚼出这选择背后的韵味，旁观者就有些许酸涩。

一位爱喝酒的同仁，一锤定音买下了“三五个知心朋友”，让我在想象中，立即狠狠掴了自己一掌。从前，我劝过他不要喝那么多的酒，他笑说，我喜欢和朋友在一起。我不死心，便再劝，他却一直不改。此番看了他的选择，我方晓得朋友在他的心秤上如此沉重。我决定——该闭嘴时就闭嘴吧。

光顾了看别人的收成，差点耽误了自己地里的活计。同桌悄悄问，你到底打算买何种生涯？

我说，没拿定主意啊，我想要那座图书馆。

同桌说，傻了不是？我看你不妨要那张价值五十万美元且年年递增百分之二十五的股票，要知道这可是一只会下金蛋的火鸡。只要有了钱，什么图书馆置办不出来呢？你要把图书馆换成别的资产，就很困难了。如今是信息时代，资料都储藏在光盘里，整个大英博物馆也不过是若干张碟的事，图书馆是落后的工业时代的遗物了……

他话还没说完，老师举起了新的一张卡片。他见利忘友，立刻抛开我，大喊了一声：嗨！这个我要定了，一千！

我定睛一看，他倾囊而出购买回来的是：一门精湛的技艺。

我窃笑道，你这才是游牧时代的遗物呢，整个一小农经济。

他很认真地说，我总记着老爸的话，家有千金，不如薄技在身。

我暗笑，哈，人啊，真是环境的产物。

好了，不管他人瓦上霜了，还是扫自己门前的雪吧。同桌的话也不无道理，有了足够的钱，当然可以买下图书馆或是任何光碟。但你没有这些钱之前，你就干瞪眼。钱在前，还是图书馆在前？两者的顺序便有了原则的不同。我愿自己在两鬓油黑耳聪目明之时，就拥有一座窗明几净汗牛充栋庭院深深斗拱飞檐的图书馆。再说，光碟和图书馆哪能同日而语？我不仅想看到那些古往今来的智慧头脑留下的珍珠，还喜欢那种静谧幽深的空间和气氛，让弥漫在阳光中的纸张味道鼓胀自己的肺……这些，用钱买来的新书和光碟，仿得出来吗？

正这样想着，老师举起了“图书馆”，我也学同桌，破釜沉舟地

大喊了一声：一千！

于是，宏大的图书馆就落到了我的手中。那一刻，虽明知是个模拟的游戏，心中还是扩散起喜悦的巨大涟漪。

拍卖一项项进行下去，场上气氛热烈。我没有参加过实战，不知真正的拍卖行是怎样的程序，但这一游戏对大家心灵的深层触动，是不言而喻的。

当老师说，游戏到此结束。教室一下静得不可思议，好像刚才闹哄哄的一干人，都吞炭为哑或羽化成仙去了。

老师接着说，有人也许会在游戏之后，思索和检视自己，产生惊讶的发现和意料外的收获。有一个现象，不知大家发现没有，有三项生涯，当我开价一百元之后，没有人应拍，也就是说，不曾成交。这种卖不出去的物品，按规矩，是要拍卖行收回的，但我决定还是把它们留下。也许你们想想之后，还会把它们选作自己的生涯目标。

这三项是：

1. 名垂青史

2. 和家人共度周末

3. 直言不讳的勇敢和百折不挠的真诚

同学大眼瞪小眼，刚才都只专注于购买自己的生涯，不曾注意被冷淡遗落的项目。听老师这样一说，就都默然。

我一一揣摩，在心中回答老师。

和家人共度周末？

老师别恼。不曾购买它以作自己的生涯，原因可能是多方面的。有人以为这是很平淡的事，不必把它定作目标。凡夫俗子们，估摸着自己就是不打算和家人共度周末，也没有什么地方可去。一件被迫的几乎命中注定的事，何必要选择？还有的人，是一些不愿归巢的鸟，从心眼里不打算和家人共度周末。现今只有没本事的人，才和家人共度周末。有本事的人，是专要和外人度周末的。

青史留名？

可叹现代人（当然也包括我），对史的概念已如此脆弱，仿佛站在一个修鞋摊子旁边，只在乎立等可取，只在乎急功近利。当我们连清洁的水源和绵延的绿色都不愿给子孙留下的时候，拥挤的大脑中，如何还存得下一块森严的石壁，以反射青史遥远的回声？

勇敢和真诚？

它固然是人类曾经自豪和骄傲的源泉，但如今怯懦和虚伪，更成了安身立命的通行证。预定了终生的勇敢和真诚，就像一把利刃悬在颅顶，需要怎样的坚忍和稳定？！我们表面的不屑，是因为骨子里的不敢。我们没有承诺勇敢的勇气，我们没有面对真诚的真诚。

游戏结束了，不曾结束的是思考。

在弥漫着世俗气息的“我”之外，以一个“孩子”的视角，重新剖析自己的价值观和生存质量，内心就有了激烈的碰撞和痛苦的反思。

在节奏纷繁的现代社会，我们一天忙得视丹成绿，很难得有这种省察自我的机会，这一瞬让我们返璞归真。

人生的重大决定，是由心规划的，像一道预先计算好的框架，等待着你的星座运行。如期改变我们的命运，请首先改变心的轨迹。

生命的借记卡

我有一个西式钱包，钱包里有很多小格子，这些格子的用途是装载各式各样的卡。我没让它们闲着，装得满满当当。我有附近多家超市的亲情卡，虽然我每次购物之后都毕恭毕敬地出示该店的卡，但一年下来累计的分数，总也到不了可以领取优惠券的地步（因为我购物不够专一，总是在各个不同的店家游荡），于是就在某一个商家规定的日子里被残忍地“归零”，一切又要重新开始。

我还有电话卡，到外地出差的时候，虽然接待方会很热情地说，房间的长途已经开通，您只管用。我还是为饭店附加在电话上的费用斤斤计较，出于为邀请方省些银两的考虑，自己到酒店大堂去打公用电话。每打一次，都有一种小小的成就感。我还有几家馆子的优惠卡，有一次拿出来结账，服务员小姐看了半天，说不认识这卡，从来没见客人使过。我说，你来这家店多久了呢？她说，一年了。我说，这卡是你们店开张的时候给的，说是永久有效呢。小姐就拿了卡去问元老，笑吟吟地回来说，你说的不错，只是连他们也没见过这种卡，一直找到老板才说确有这么回事。

啰唆了这半天，还没说到正题上。我的正题是什么呢？就是我

虽然有多张看起来也是硬邦邦闪烁烁的卡，但其实那种可以透支可以境外使用的货真价实的银行卡，一张也没有。先生说过很多次了，说这是时尚，你在高档场所结账的时候，如果掏出一大把皱皱巴巴的现金，是要遭人耻笑的。我说，你也不是不知道，我平日最频繁的交易场所就是农贸市场，别说那里没有刷卡的设备，即便有了，买上一个西瓜刷一次卡，买三根黄瓜半斤草莓再刷两次卡，你觉得如何呢？

于是家人就嘲讽我近乎一个纯粹的农妇，不能在金融方面与时俱进。好在这羞惭近日得到了雪洗的机会。单位为了发放工资方便，为大家统一办理了银行借记卡。

我拿到借记卡，反复端详并仔细地阅读了有关条文，突然思绪就飞到了很远的地方。

喜欢这个“借”字。我们的一切都是借来的，总归有要还的那一天。《红楼梦》里的公子贾宝玉出生的时候，嘴里是衔了一块玉的。我们每个人出生的时候，并非是两手空空，而是捏了一本生命的借记卡。

阳世通行的银行卡分有钻石卡白金卡等细则，生命的卡则一律平等，并不因出身的高下和财富的多寡，就对持卡人厚此薄彼。

这张卡是风做的，是空气做的，透明、无形，却又无时无刻不在拂动着我们的羽毛。

在你的亲人还没有为你写下名字的时候，这张卡就已经毫不迟延地启动了业务。卡上存进了我们生命的总长度，它被分解成一分钟一分钟的时间，树木倾斜的阴影就是它轻轻的脚印了。

密码虽然在你的手里，但储藏在生命借记卡里的这个数字，你虽是主人，却无从知道。这是一个永恒的秘密，不到借记卡归零的时候，你在混沌中。也许，它很短暂呢，幸好我不知你不知，咱们才能无忧无虑地生活着，懵然向前，支出着我们的时间，在哪一个早上那卡突然就不翼而飞，生命戛然停歇。

很多银行卡是可以透支的，甚至把透支当成一种福祉和诱饵，引领着我们超前消费，然而它也温柔地收取了不菲的利息。生命银行冷峻而傲慢，它可不搞这些花样，制度森严铁面无私。你存在账面上的数字，只会一天天一刻刻地义无反顾地减少，而绝不会增多。也许将来随着医学的进步，能把两张卡拼成一张卡，现阶段绝无可能，以后也要看生命银行的脸色，如果它太觉尊严被冒犯和被亵渎，只怕也难以操作，咱们今天就不再讨论。

也许有人会说，现在发布的生命预期表，人的寿命已经到了七八十岁的高龄，想起来，很是令人神往呢。如果把这些年头折算成分分秒秒，一年三百六十五天，一天二十四小时，一小时三千六百秒……按照我们能活八十年计算，卡上的时间共计是二十五亿二千二百八十八万秒（没找到计算器，老眼昏花地用笔算，反复演算了几遍，应该是准确的）。

真是一个天文数字，一下子呼吸也畅快起来，腰杆子也挺起来，每个人出生的时候，都是时间的大富翁。不过，且慢。既然算账，就要考虑周全。借记卡有一个名为“缴费通”的业务，可以代缴代扣，比如手机话费、小灵通话费、宽带上网费、水费电费图文电视费……呵呵，弹指间，你的必要消费就统统交付了。

生命也是有必要消费的。就在我们这一呼一吸之间，卡上的数字就要减掉若干秒了。我们有很多必不可少的支出，你必须要优先保证。首先，令人晦气的是——我们要把借记卡上大约三分之一的数额，支付给床板。床板是个哑巴，从来不会对你大叫大喊，可它索要最急，日日不息。你当然可以欠着床板的账，它假装敦厚，不动声色。一年两年甚至十年八年，它不威逼你，是个温柔的黄世仁。它的阴险在长久的沉默之后渐渐显露，它不动声色地无声无息地报复你，让你面色干枯发摇齿动，烦躁不安歇斯底里……它会让你乖乖地把欠着它的钱加倍偿还，如果它不满意，还会把还账的你拒之门外。倘若你欠它的太多了，一怒之下，也许它会彻底撕毁了你的借记卡，纷纷扬扬飘失一地，让杨白劳就此永远躺下。所以，两害相权取其轻吧，从长远计，你切不可以慢待了床板这个索债鬼，不管它多么笑容可掬，你每天都要按时还它时间。

你还要用大约三分之一的时间来吃饭、排泄、运动、交通、打电话、接吻、示爱和做爱，到远方去旅游，听朋友讲过去的事情，当然也包括发脾气和生气，和上司吵架还有哭泣……当然你也可以将这些压缩到更少的时间，但你如果在这些方面太吝啬支出的话，你就变成了一架冰冷的机器，而不再是活生生的人。为了让我们的生命丰富多彩，这些支出你无法逃避。

当你太老的时候和你太小的时候，你有一些时间将不知道自己干了什么。当然，如果有另外的人清楚地记录着你的支出的话，我想那些时间应该被称为“成长”和“休养生息”。这是一些时间的黑洞，却必不可少。就像你原来有一笔积蓄，你觉得自己很是俭省，从未乱花过一分钱，但那些钱财还是在不知不觉中流淌，让你囊中渐空。你幼小的时候不能工作和学习，这不是你的过错，只是你的过程。你年老的时候不能创造和奋斗，这也不是你的过错，而是你的必然。为了盛极时的响彻云天，蝉虫必须在泥土中蛰伏蜕变十五年，和它相比，人类还算早熟。人类的进步带来了人类的长寿，那多积攒出来的时间，基本上都是晚年。所以，你不能埋怨，你的生命借记卡上时间的价值并不等值，对此你只有一笑了之。

借记卡有一个功能，就是代缴各种费用。你的生命刨去了这样多的必需支出，你还剩下多少黄金时段？

如果我们能够知道自己生命中有效利用的时间到底有多少，我相信一半以上的人，都会活得更加精彩。因为借记卡的数字隐藏在无边的黑暗中，这就更需要我们在黑暗中坚定地摸索着前进。

你的密码只有你自己知道。不要把密码告诉陌生人，不要让他人主宰了你的生活。如果你的密码被泄露，不要伤心，不要自暴自弃。密码是可以修改的，你可以重新夺回你对自己生命的控制权。这张借记卡，只要你自己不拱手相让，就没有任何人能把它从你手中夺走。

不要用你手中的卡，去做纯粹为了虚荣和炫耀的消费，因为那都是过眼烟云，你付出的是生命，收获的是荒凉。

不要用你手中的卡，去买你不喜欢的东西。生命是我们能够享有的唯一，它的光彩和价值就在于它独树一帜的意义。找寻你生命的脐带，它维系着你的历史和光荣，这是你的责任和勇敢所在。如果你逃避或是挥霍，你就彻头彻尾地对不起了一个人，让那个人在无望中泪水流淌。这个人不是你的爸爸妈妈，虽然他们也可能为此伤感，但在他们逝去之后，你依然可以看到新鲜的泪珠在闪耀。这个人也不是你的师长，虽然他们可能会因此失望，但他们还有更多的学生可以期待。要知道你最对不起的人就是你自己，你委屈了千载难逢的表达。

唯有我们不知道生命的长短，生命才更凸显。也许运动可以在我们的卡里增添一些跳动的数字，也许大病一场将剧烈地减少我们的存款，不知道。那么，在不知道自己有多少银两的时候，精打细算就不但是本能更是澄澈的智慧了。在不知道自己所要购买的愿景和器物，有着怎样的高远和昂贵，就一掷千金毅然付出，那才是真的猛士视金钱如粪土。

这张卡是朴素的，也是昂贵的。你可以在卡上镶上钻石，那就是你的眼泪和汗珠了。没有白金也没有黄金，如果一定要找到类似的东西，美化我们的借记卡，那只有骨骼的硬度和血液的温度了。

当我们最后驾鹤西行的时候，能带走的唯一物品，是我们空空如也的借记卡。当那个时候，我们回首查阅借记卡上一项项的支出，能够莞尔一笑，觉得每一笔支出都事出有因不得不花，并将这笑容实实在在地保持到虚无缥缈间，也就是灵魂的勋章了。

其实，当你吐出最后的呼吸之时，你的借记卡就铿锵粉碎了。但是，且慢，也许在那之后，有人愿意收藏你的借记卡，犹如收藏一枚古钱。

为自己建立快乐的生长点

人类正在经历有史以来最独特的一个阶段，也可以说是“五千年未有之变革”。嘿！岂止是五千年，简直就是自打人类从树上爬下来之后，五十万年甚或两百万年以来从未有过的奇特阶段。

这就是我们生存的威胁，已经不再是祖先们最恐惧的风霜雨雪等自然灾害，也不再是布帛菽粟的温饱问题，而是来自亲手制造的核灾难和心理樊笼。这是我们第一次面临人的心灵广泛起到主导作用的阶段，是人类自身演变进程的关键时刻。

我们面对的最大矛盾是——痛由心生。

饭吃饱了，是好事还是坏事呢？当然是好事了。没有尝过饥饿滋味的人，是很难体会到那种极度低血糖带给人的虚弱，具有多么恐怖和濒死的感觉。那个时候能得到一块干粮，简直就是无与伦比的幸福，如果是一块香喷喷的烤肉，更是咫尺天堂。

饥饿是强大的，当饥饿不存在的时候，很多痛彻心扉的欢乐也一去不复返了（这里的痛，要作痛快来理解）。旧的欢乐走了，要有新的欢乐顶上来，否则，人就被剥夺了幸福的重要源泉。

每个人，要为自己建立起快乐的生长点，这是你在新形势、新阶段的新任务。你不能仅仅满足于食物带来的快乐，也不能满足于性本能带来的快乐。那都是动物的本能，虽然不能一笔抹杀，但人毕竟和动物是有重大区别的。

生理的快乐是永远存在的，不过，它们其实是很节制的。比如你的胃，容量就很有限。我曾亲眼在临床上见到过因为吃得太多，而把胃撑爆裂的病人，极其凄惨。我本来以为胃是很结实的器官，而且到了满溢的时刻，就不会接纳更多的食物。其实不然。因为一下子涌进了大量食物，胃就丧失了蠕动的功能，停滞在那里，好像一个懈怠了的橡皮口袋。如果事情局限在这个地步，还不是最糟，要命的是吃进去的食物，在体温的作用下开始发酵，产生了大量的气体。这时的胃就膨胀起来，变成了一个气球。产气越来越多，气体终于把胃给撑炸了。当我们用手术刀打开患者腹部的时候，看到的是满肚子白花花的大米饭。我们把破裂的胃切除了，用大量的生理盐水清理腹腔，把那些完全没有消化的大米

BUS

粒从肝胆的后面和肠子的表层冲洗下来，好像在洗一堆油腻的锅碗瓢盆……手术持续了很长时间，我们多么希望挽救这个人的生命啊，然而，那些米饭带有大量的病菌，它们污染了洁净的腹腔，让这个人生了极重的败血症，最终逝去。

可见，一个人能吃进肚子的食物，实在是有限度的。

再说那个令人颇感兴趣的“性”。性的物质基础是性器官。当我学习性器官的功能时，接触到一个词，叫作“绝对不应期”。这个医学术语是什么意思呢？

面对一块活体的肌肉，你用电极棒刺激一下，它就反射性地弹跳一下，对你的刺激发生反应。你加快刺激的频率，它的反射也就增快增密。但是，这不是可以无限玩下去的游戏，当你的刺激变得更加频密的时候，肌肉反倒一动不动了。老师说，这组肌纤维进入了“绝对不应期”。任你如何加大刺激的强度，它就是呆若木鸡，毫无反应。用一句通俗点的话来说，肌肉罢工了！

肌肉什么时候复工呢？不知道。理智无法操纵肌肉的规律，除非它休息好了，自愿上工。不然，除了等待，你是一点法子也没有。

老师说，在人体所有的肌肉组群中，男性生殖器的肌肉和心肌的绝对不应期是最长的。为什么，你们知道吗？

学生们回答说，心肌如果没有足够的休息，无论什么刺激来了都反应一番，心脏就乱跳起来，会发生纤维性颤动，人体的发动机就废了。

老师说，回答得很好。那么，生殖器的肌肉为什么也要那么长的休息时间呢？

那时我们都很年轻，实在不知道这个问题如何回答为好，面面相觑。

老师说，性可以被用来压抑死亡焦虑。医学不得不承认性的诱惑具有某种极为神奇的力量，是一个强大的避风港，在短时间内可以对抗焦虑。在性的魔力之下，人会陶醉其中。不过，因为生殖器官不是单纯为了给人狂喜的器官，它肩负着繁衍后代的责任。这个工作太辛苦了，所以，它就给这个活动包了一件快乐的外衣，如同药丸外面的那层糖皮。你若是为了糖衣而不停地吃药，一定会把你吃坏。所以，生殖器的肌肉就有了显著的绝对不应期。

但是，请谨记——性绝不是全部。医学教授谆谆告诫，这显然已经超过了医学的范畴。他说，年轻人啊，如果你把性当成了人生的唯一要务，那么，不但身体不能允许，而且在一切如潮水般消退之后，遗留下来的是无比凄凉和无意义的感觉，世界变得庸俗和单一。尤其是滥交，虽然可以向寂寞的人提供短暂而强大的舒缓，但这必然是饮鸩止渴。

我至今不知道这是不是有科学证明的权威说法，但人的生殖系统绝不是贪得无厌的蠢货，这一点我绝对相信。

既然食欲和性欲带给我们的快乐都是有定量的，那我们到哪里去寻找取之不尽、用之不竭的快乐呢?

只有精神领域的探索是永无止境的，它能提供的快乐也是最高质量的快乐。

第四辑

你的身体里 必有一颗成功的种子

在每个人的生命里，
都有一个关于创造的秘密等待着被发现，
那将是你的第二次诞生。
你一定要相信，在你的身体里有一颗种子，
焦灼地盼望着阳光。

第二志愿

人们常常把所有的注意力都集中在第一志愿上。这些年，随着考试严酷性的不断升级，关于填报志愿的说法，也越来越霸道了——那就是全力以赴关注你的第一志愿。某些大学的录取人员公开宣布，我们是不会录取第二志愿的学生的，因为你的热爱不够专一，录来也学不好的。

高考形势特殊，僧多粥少，对于学校的取舍，旁人不好议论是非。但我以为，如果把高考报志愿的经验推而广之，把第一志愿至上，扩散成人生选择的一大信条，就有商榷的必要了。

人生的选择绝少是唯一的。

听一位美国心理学家讲座，谈到男女青年挑选恋爱对象时，他说，如果你在读大学的时候，一眼扫去，本班级上的异性，有三分之一以上可以成为你的配偶候选人，那么……

讲到这里，说是悬念也好，说是征询民意也好，他成心留出一个长长的停顿，用苍蓝的眼珠扫视全场。台下发出汹涌的低语声，均说："那他就是一个神经病！"

异国的心理学家抖抖肩膀说："喏！那他或她，就是一个心理健康的人。”

这观点有点好玩，也有点耸人听闻，是不是？当然，他指的寻找伴侣，是在大学校园内，智商和背景有大的相仿，并不能波及整个社会，说某个男人觉得与世上三分之一的女人都可成眷属，才属正常。

但这一论点也可以说明，既然结为夫妻这样严重的问题，都不妨有一手或是几手打算，那么，在其他场合的选择，当有更大的弹性。

当孤注一掷地把自己的命运押在某个“唯一”头上的时候，我们实际上处于自我封闭和焦灼无序的状态，内心流淌的是自卑和虚弱。以为只有这狭窄的途径，才是抵达目的地的独木桥，无法设想在另外的情形下，还有道路尚可通行。某些人的信念虽执着但脆弱，难以容忍自己的不成功。由于太惧怕失败的阴影了，拒绝想象除胜利以外，事态还同时存有一千种以上黯淡的可能。他们能够采取的自卫措施，就是放下眼帘。以为只要不去想，不良的结果就可能像鬼魅，只能在暗夜中游走，不会真的在太阳下现身。

于是每当选择的关头，我们可以看到那么多人鸵鸟似的奋不顾身，色厉内荏地跑跳着。到了没有退路的时候，就把小小的脑袋埋入沙堆。他们并不仅仅骗别人，首先的和更重要的，是用这种虚张的气势，为自己打气加力。他们拒不考虑第二志愿，觉着给自己留了退路，就是懦夫和逃兵。甚至以为那是一个不祥的兆头，好像夜啼的猫头鹰，早早赶走方平安。他们竭力不去前瞻那潜伏着的败笔和危险，好像不带粮草就杀入沙漠的孤军。即使为了应付局面多做准备，也是马马虎虎潦潦草草，虚与委蛇地写下第二、第三志愿……不走脑子，秋水无痕。不敢一针见血地问自己，假若第一志愿失守，能否依旧从容微笑？

可惜世上的事情，不如愿者十之八九。当冰冷的结局出现时，很多人就像遇到雪崩的攀缘者，一堕千丈。此刻，你以前不经意间随手填写的第二志愿，就像保险绳一样，在你下坠的过程中，有力地拽住了你，还你一方风景。

惊魂未定的你，此时心中百感交集。被第一志愿抛弃的巨大失落，使百骸俱软，无暇顾及和珍视第二志愿的援手。你垂头丧气地望着崖下，第一志愿的游魂还在碎石中闪着虚光，有人恨不能纵身一跳，以七尺之躯殉了那未竟的理想。即便被亲人和世俗的利害，劝得暂且委曲求全，那心中的苦郁悲凉，也经久不散。

第二志愿如同灰姑娘，龟缩在角落里，打扫尘埃，收拾残局，等待那不知何日才能莅临的金马车。

其实人的才能是多方面的，守节般地效忠第一志愿，愚蠢不说，更是浪费。候鸟是在不断的迁徙当中，寻找自己的最佳栖息地，并在长途艰苦的跋涉中，锻炼了羽翼。在屋檐下盘旋的鸟，除了麻雀，还能想出谁？

寻找第二志愿的过程，实质上是对自己的一次再发现。除了那最突出最显著的特点之外，我还有什么优长之处？第一志愿和第二志愿之间，可否像两位相得益彰的前锋，交互支援？我还有哪些潜藏着的特质，有待发掘和培养？平日疏忽的爱好，也许可在失落中渐渐显影？

第二志愿的考虑和填写，也许比第一志愿的取舍更艰难。惟妙惟肖地预想失败，直面败后的残局和补救的措施，绝非乐事，但却必

要。尝试着在出征前就布置退却和迂回的路线，并在这种惨淡经营的设计当中，规划自己再一次崛起的蓝图，是一种经验，更是勇气。

也许是因为害怕面对这种挫折的演习，有人惊鸿一瞥般地拟下第二志愿，并不曾经历大脑深远的思考。他们以为这是勇往直前背水一战的魄力，殊不知暴露的只是自己乏于坚忍和气血两虚。

不可搪塞第二志愿，它依旧是人生重要的选择，是你面对逆境的备份文件。它是进可以攻退可以守的支撑点，它是无惧无悔的屏障，它是一个终结和起跑的双重底线。

或许有人以为，有了第二志愿第三志愿……人就易颓败，多疏忽。这是一个谬论。亡命之徒不可取，它使人铤而走险，一旦失利，便是绝望与死寂。不妨想想杂技演员，有了保险绳的时候，他们的表演会无后顾之忧，更精妙绝伦。

在填写第一志愿的时候，把其后的每一份志愿也都认真地考虑，这是人生不屈不挠的法门之一。

心里拒绝创可贴

我有过若干次讲演的经历，在北大和清华，在军营和监狱，在农村土坯搭建的课堂和美国最奢华的私立学校……面对从医学博士到纽约贫民窟的孩子等各色人群，我都会很直率地谈出对问题的想法。在我的记忆中，有一次经历非常难忘。

那是一所很有名望的大学，约过我好几次了，说学生们期待和我进行讨论。我一直推辞，我从骨子里不喜欢演说。每逢答应一桩这样的公差，就要莫名地紧张好几天。但学校方面很执着，在第 N 次邀请的时候说：该校的学生思想之活跃甚至超过了北大，会对演讲者提出极为尖锐的问题，常常让人下不了台，有时演讲者简直是灰溜溜地离开学校。

听他们这样一讲，我的好奇心就被激励起来，我说，我愿意接受挑战。于是，我们就商定了一个日子。

那天，大学的礼堂挤得满满的，当我穿过密密的人群走向讲台的时候，心里涌起怪异的感觉，好像是“文革”期间的批斗会场，不知道今天将有怎样的场面出现。果然，从我一开始讲话，就不断地有条子递上来，不一会儿，就在手边积成了厚厚一堆，好像深秋时节被清洁工扫起的落叶。我一边讲演，一边充满了猜测，不知树叶中潜伏着怎样的思想炸弹。讲演告一段落，进入回答问题阶段，我迫不及待地打开了堆积如山的纸条，一张张阅读。那一瞬，台下变得死寂，偌大的礼堂仿若空无一人。

我看完了纸条说，有一些表扬我的话，我就不念了。除此之外，纸条上提得最多的问题是——“人生有什么意义？请你务必说真话，因为我们已经听过太多言不由衷的假话了。”

我念完这张纸条以后，台下响起了掌声。我说你们今天提出这个问题很好，我会讲真话。我在西藏阿里的雪山之上，面对着浩瀚的苍穹和壁立的冰川，如同一个茹毛饮血的原始人，反复地思索过这个问题。我相信，一个人在他年轻的时候，是会无数次地叩问自己——我的一生，到底要追索怎样的意义？

我想了无数个晚上和白天，终于得到了一个答案。今天，在这里，我将非常负责地对大家说，我思索的结果是：人生是没有任何意义的！

这句话说完，全场出现了短暂的寂静，如同旷野，但是，紧接着就响起了暴风雨般的掌声。

那是我在讲演中获得的最热烈的掌声。在以前，我从来不相信有什么“暴风雨”般的掌声这种话，觉得那只是一个拙劣的比喻，但这一次，我相信了。我赶快用手做了一个“暂停”的手势，但掌声还是绵延了若干时间。

我说，大家先不要忙着给我鼓掌，我的话还没有说完。我说人生是没有意义的，这不错，但是——我们每一个人要为自己确立一个意义！

是的，关于人生意义的讨论，充斥在我们周围。很多说法，由于熟悉和重复，已让我们从熟视无睹滑到了厌烦。可是，这不是问题的真谛。真谛是，别人强加给你的意义，无论它多么正确，如果它不曾进入你的心理结构，它就永远是身外之物。比如我们从小就被家长灌输过人生意义的答案，在此后漫长的岁月里，谆谆告诫的老师和各种类型的教育，也都不断地向我们批发人生意义的补充版。但是，有多少人把这种外在的框架，当成了自己内在的标杆，并为之下定了奋斗终生的决心？

那一天结束讲演之后，我听到有同学说，他觉得最大的收获是听到有一个活生生的中年人亲口说，人生是没有意义的，你要为之确立一个意义。

其实，不单是中国的青年人在目标这个问题上飘忽不定，就是在美国的著名学府哈佛大学，也有很多人无法在青年时代就确立自己的目标。我看到一则材料，说某年哈佛的毕业生临出校门的时候，校方对他们做了一个有关人生目标的调查，结果是百分之二十七的人完全没有目标，百分之六十的人目标模糊，百分之十的人有近期目标，只有百分之三的人有着清晰而长远的目标。

二十五年过去了，那百分之三的人不懈地朝着一个目标坚忍努力，成了社会的精英，而其余的人，成就要相差很多。

我之所以提到这个例子，是想说明在人生目标的确立上，无论中国还是外国的青年，都遭遇到了相当程度的朦胧或是混沌状态。有人会说，是啊，那又怎么样？我可以一边慢慢成长，一边寻找自己的人生意义啊。我平日也碰到很多青年朋友，诉说他们的种种苦难。我在耐心地听完那些折磨他们的烦心事之后，把他们渴求帮助的目光撇在一旁，我会问，你的人生目标是什么呢？

他们通常会很吃惊，好像怀疑我是否听懂了他们的愁苦，甚至恼怒我为什么对具体的问题视而不见，而盘问他们如此不着边际的空话。更有甚者，以为我根本就没有心思听他们说话，自己胡乱找了个话题来搪塞。

我会迎着他们疑虑的目光，说，请回答我的这个问题，你为什么而活着呢？

年轻人一般会很懊恼地说，这个问题太大了，和我现在遇到的事没有一点关联。我会说，你错了，世上的万事万物都有关联。有人常常以为心理上的事只和单一的外界刺激有关，就事论事，其实心理和人生的大目标有着纲举目张的紧密接触。很多心理问题，实际上都是人生的大目标出现了混乱和偏移。

举个例子。一个小伙子找到我，说他为自己说话很快而苦恼，他交了一个女朋友，感情很好。但女孩子不喜欢他说话太快，一听他口若悬河滔滔不绝地说个没完，女孩就说自己快变成大头娃娃了。还说如果他不改掉这毛病，就不能把他引荐给自己的妈妈，因为老人家最烦的就是说话爱吐唾沫星子的人。

你说我怎么才能改掉说话太快的毛病？他殷切地看着我，闹得我都觉得如果不帮他这个忙，简直就成了毁掉他一生爱情和事业的凶手。

我说，你为什么要讲话那么快呢？

他说，如果慢了，我怕人家没有耐心听完我的话。您知道，现在的社会，节奏那么快，你讲慢了，人家就跑了。

我说，如果按照你的这个观点发挥下去，社会节奏越来越快，你岂不是就得说绕口令了？你的准丈母娘就不是这样的人啊，她就喜欢说话速度慢一点并且注意礼仪的人啊。

他说，好吧，就算你说的这两种人都可以并存，但我还是觉得说话快一些比较占便宜，可以在单位时间内传达更多的信息。

我说，那你的关键就是期待别人能准确地接收你的信息，你以为只有快速发射信息才是唯一的途径，你对自己的观点并不自信。

他说，正是这样。我生怕别人不听我的，我就快快地说，多多地说。

当他这样说完之后，连自己也笑起来。我说，其实别人能否接受我们的观点，语速并不是最重要的。而且，你能告诉我，你为什么这样在意别人是否能接受你的观点？

这个说话很快的男孩突然语塞起来，忸怩着说，我把理想告诉你，你可不要笑话我。

我连连保证绝不泄密。他说，我的理想是当一个政治家。所有的政治家都很雄辩，你说对吧？

我说，这咱们就接触到了问题的实质。要当一个政治家，第一要自信。他们的雄辩不是来自速度，而是来自信念。一个自信的人，不论说话快还是慢，他们对自我信念的坚守流露出来，会感染他人。你有如此远大的理想，这很好。你要做的事，不是把话越说越快，而是积攒自己的力量，让自己的信念更加坚强。

那一天的谈话就到此为止。后来，这个男生告诉我，他讲话的速度慢了下来，也被批准见到了自己的准丈母娘，听说很受欢迎。

这边刚刚解决了一个说话快的问题，紧接着又来了一位女硕士，说自己的心理问题是讲话太慢，周围的人都认为她有很深的城府，不敢和她交朋友，以为在她那些缓慢吐出的话语背后，隐藏着怎样的阴谋。

我试了很多方法，却无法让自己说话快起来，烦死了。她慢吞吞地对我这样说，语速的确有一种压抑人的迟缓，好像在话的背后还隐藏着另一句话。

我看她急迫的神情，知道她非常焦虑。

我说，你讲每一句话是否都要经过慎重的考虑？

她说，是啊，如果不考虑，讲错了话，谁负得了这个责？

我说，你为什么特别怕讲错话？

女硕士说，因为我输不起。我家庭背景不好，家里有人犯了罪，周围的人都看不起我。家里很穷，从小靠亲戚的施舍我才能坚持学业。我生怕一句话说差了，人家不高兴，就不给我学费了。所以，连问一句“你吃了吗”这样中国人最普通的话，我也要三思而后行。我怕人家说，你连自己的饭都吃不饱，也配来问别人吃饭问题。

听到这里，我说我明白了。你觉得自己的每一句话都可能引致他人的误解，给自己造成不良影响。

女硕士连连说，对对，就是这样的。

我笑了，说，你这一句话说得并不慢啊。

她说，那我是相信你不会误会我。

我说，这就对了。你说话速度慢，不是一个技术性的问题，是你不能相信别人。你是否准备一辈子都不相信任何人？如果是这样的话，我断定你的讲话速度是不会改变的。如果你从此相信他人，讲话的速度自然会比较适宜，既不会太慢，也不会太快，而是能收放自如。

那个女生后来果然有了很大的改变，她的人际关系也有了进步。

今天我们从一个很大的目标谈起，结果要在一个很小的地方结束。我想说，一个人的心理是一座斗拱飞檐的宫殿，这座宫殿的基础就是我们对自己人生目标的规划和对世界对他人的基本看法。一些看起来是技术和表面的问题，其实内里都和我们的基本人生观有着千丝万缕的联系。心理问题切不可头痛医头脚痛医脚，那样如同创可贴，只能暂时封住小伤口，却无法从根本上让我们的精神强健起来。

布雷迪的猴子

当心理医生的朋友，给我讲过一个故事——布雷迪的猴子。

布雷迪不是一座山，也不是一片茂密的原始森林，而是一位科学家的名字。

那是一个晴朗的日子，两只猴子各自坐在它们的椅子上，像平常一样开始了生活。但宁静仅仅维持了片刻，二十秒钟后，它们猛地同时遭到一次电击。这当然是不愉快的感受了，猴子们惊叫起来。

被仪器操纵的电源，毫不理睬猴子们的愤怒，它均匀恒定地释放电流，每二十秒钟准时击发一次。猴子们被紧紧地缚在约束椅上，藏没处藏，躲没处躲，只得逆来顺受。

但猴子不愧为灵长目动物，开始转动脑筋。很快，它们发现各自的椅子上都有一个压杆。

甲猴在电击即将来临的时候揿动压杆，电击就被神奇地取消了，它俩也就一同逃脱了一次痛苦的体验。

乙猴也照样揿动压杆。很可惜，它手边的这件货色是摆样子的，压与不压，对电击没有任何影响。也就是说，乙猴在频频到来的打击面前，束手无策。

实验继续着。甲猴明白自己可以操纵命运，它紧张地估算着时间，在打击即将到来的前夕，不失时机地揿动压杆，以避免灾难。当然，它有时成功，有时失败。成功的时候，它俩就有了短暂的休息，失败的时候它们就一道忍受电流的折磨。

时间艰涩地流淌着，实验结果出来了。在同等频率同等强度电流的打击下，那只不停揿动压杆疲于奔命的甲猴子，由于沉重的心理负担，得了“胃溃疡”。那只听天由命无能为力的乙猴子，安然无恙……

假若是你，愿做布雷迪实验里的哪一只猴子？朋友问。

我说，我是人，我不是猴子。

朋友说，这只是一个比方。其实，旋转的现代社会和这个实验有很多相同之处，频繁的刺激接踵而来，人们生活在目不暇接的紧张打击之中。大家拼命地在预防伤害，采取种种未雨绸缪的手段。殊不知某些伤害正是在预防之中发生，人为的干预常常弄巧成拙适得其反……所以，人们有时需要无奈，需要阿Q，需要随波逐流，需要无动于衷听其自然……

我说，我对于这个心理学经典的实验没有发言权。如果布雷迪先生只是借此证明强大的心理压力可以致病，无疑是正确的。

停了一会儿，我对她说，你刚才问假如是我，会在猴子中做怎样的选择？经过考虑。我可以回答你——我愿意做那只得了“胃溃疡”，仍在不断揿动压杆的猴子。

朋友惊讶地笑了，说为什么，她问过许多人，他们都愿做那只无助然而健康的猴子。

我说，那只无助的猴子健康吗？每隔二十秒钟准时到来的电击，是无法逃脱的、不以个人意志为转移的恶性刺激，日复一日，终有一天会瓦解意志和身体，让它精神失常或者干脆得上癌症。

它暂时还没有生病，那是因为它的同伴不断地揿动压杆，为它挡去了许多次打击。在别人的护翼下生活，把自己的幸运建筑在他人的辛苦与危险中，我无法安心与习惯。

再说那只无法逃避责任的甲猴，既然发现了可以取消一次电击的办法，它继续摸索下去，也许能寻找出更有效的法子，求得更长久的平安。压下去，拖延时间，也许那放电的机器会烧坏，通电的线路会折断，椅子会倒塌，地震会爆发……形形色色的意外都可能发生，只要坚持下去就有希望。

一百种可能性在远方闪光，避免一次电击，就积累了一次经验。也许实践会使它渐渐熟练起来，心情不再紧张悲苦，把揿动压杆只当成简单的游戏……不管怎么说，行动比单纯的等待更有力量。一味地顺从与观望，办法绝不会从天上掉下来。

当然，最大的可能是无望，呕血的猴子无奈地揿动压杆到最后一刻……即使是这样，那我也绝不后悔。

因为——

假如我和那一只猴子是朋友，我愿意把背负的重担留给自己。

假如我和那一只猴子是路人，我遵照我喜爱探索的天性行事。

假如我和那一只猴子是敌手，我会傲然地处置自己的生命，不在对方的庇荫下苟活。

所以，天造地设，我只能做那只得“胃溃疡”的猴子了。

你是百分之三吗

如果有一天，你说：这份工作给予我高峰体验，让我得到了很大的乐趣，更不可思议的是，还让我得到了金钱。那么，恭喜你，你把自己的兴趣和对公众的服务结合到了一起。据说，能够做到这一点的人，只占整个人口的百分之三。

不要小看了工作，工作是让我们觉得生命有意义的重要组成部分。如果你只把工作当成赚钱的工具，那么，你就丧失了人生极大的乐趣。一份喜爱的工作，让我们具有了使命感，给了我们身份，是我们应答社会召唤的方式。我们的潜能得以在一个公众的平台上发挥，我们回报了社会，我们的内心收获了满足。

每样工作都有快乐，同理，每样工作也都有苦恼。现在的问题是——这快乐是否相宜于你？快乐也是有质量高下、持续长久之分的。有的快乐，只是好奇，当你知晓了其中的秘密，快乐就转变成了厌倦。有的快乐，却如醇酒，时间越长，你越感知到醉人的芳香。谈到苦恼，这可要认真琢磨一番。相比之下，苦恼比快乐更重要，因为这是你的底线。你是否可以接纳持之以恒的苦恼？你对苦恼的容忍程度到底怎样？你能容忍的时间是多久？你能为此做出多少改变呢？

人格对职业的影响力，远远不及兴趣。你要尽量拓展对某一行业的了解，它是什么？它做什么？它的行规是什么？这不是一项简单的功课，要知道，现在有超过两万种的职业在地球上开展。每一个行业都有行规，你如果不了解行规，贸然入行，很可能受不了。你不懂得游戏规则，游戏就会给人焦虑和压力。

行业里也有许多潜规则，你可曾知晓？我知道有一些潜规则是上不得台面的，但多少年来，他们一直在那个行业的激流之下存在着。如果你要接受这个行业，你就要了解它的全部：桌面上的和桌面下的。如果你有精神的需要，就要远离某种潜规则。你不可能一边控诉着，一边利用着，那你本人也成了潜在水面下的生物。

当你尝试着做一件充满了创造性的工作，应当更相信你无微不至的直觉，不必掺杂过多的理智。因为理智通常是通过已有的经验来做判断，但这一次，过多的理智会充当刺客。

由于工作价值与生命意义的联系陷落和崩裂，现代的人们常常伸手不见五指地迷茫。工作占去了青葱岁月豆蔻年华，投入心血，殚精竭虑。当我们不再能从工作中找到快乐和意义的时候，负面的力量会来得如此之大，决然超过了你的预期。然而工作里越是找不到幸福感，我们越是要去寻找它，这就形成了最凶险的悖论。

听过这样一句名言：世界上最幸运的人，是找到一份工，他不用工作。这话语有一点点拗口，说白了，就是你能把工作变成玩耍的一部分。在你工作的时候，完全不觉得这是被迫的事情，而是发自内心地喜爱。

工作就是爱自己、爱社会，是混合着生活素质和成就感的一杯鸡

尾酒。如果你仅仅把工作变成了养家糊口的营生，那就不单对不起自己，也对不起工作。

工作是可以换的，但事业不会。事业给生涯一个方向，事业是持续的，是和人生观、价值观挂在一起的。生涯更是一个宽广的概念，这就是工作和事业的不同。如果你能把工作和事业熔炼在一起，那就是天人合一了。

所有的工作，都有它的神圣性，都有喜欢它的人存在。要力争把你的工作变成你的兴趣所在，这是一种纯美的境界。你做这件事，这件事让你快乐，让别人感到有帮助，人家还付酬金给你，你说这是不是多方共赢、皆大欢喜呢？这样的事，从天上掉下来的时候固然是有的，但肯定概率极低。所以，你要用心去寻找，以求达到幸福的高峰——有点儿像结婚。

你不能要求没有风暴的海洋

痛苦和磨难，是人生不可分割的一部分。

生命没有了苦难，那么它也就失去了框架。很多自杀的人，就是因为没有理会这种意义，一厢情愿地认为，生命是应该只有甘甜没有挫败的。特别是在恋爱早期那种汹涌的荷尔蒙带来的欢愉，让人把激情当成了常态。

生命的常态，其实就是平稳和深邃，还有暗流。在最深刻的层面，我们不单与别人是分离的，而且与世界也是分离的，兀自踯躅前行。

每个人的生命中必定下雨，就像坏天气也是大自然的一部分。某些日子势必黑暗又荒凉，就像你不可能总是吃细粮，那样你就会得大肠癌，你一定要吃粗纤维。坏天气、悲剧、死亡、生病，都是生命中的粗纤维，我们只有安然接纳。

真有些非常倒霉的人，叫你简直都不知道跟他说什么好。所有的语言都是多余的，真不知道命运为什么如此苛待于他。然而仍然不能放弃希望。放弃了，就真的一无所有了。这时，我们需要的便是勇气，便是稳定地活着：没有丝毫的自欺，执掌着非常强大的安全感，对宇宙有一种敬畏和信赖。心中没有希望，到哪里都不是理想的抛锚地，而只要生命还在，希望就能萌生。

生命的每一步都带着人们向死亡之境跌落。不要存在幻想，这才让你比较持久稳定，安然地居住在孤独中。胸中如有千沟万壑、千军万马，只有接受这一事实，我们才能超越苦难与死亡，腾起在空中，看清生命的意义。

你不可能要求一个没有风暴的海洋。那不是海，是泥潭。

你的身体里必有一颗成功的种子

在每个人的生命里，都有一个关于创造的秘密，等待着被发现，那将是你的第二次诞生。

你一定要相信，在你的身体里，有一颗种子，焦灼地盼望着阳光。至于它到底是一颗什么种子，在没有发芽之前，谁也不知道。

你的责任就是给它浇水，保护它不被鸟雀啄食，不因为干渴而失去生机，不会被人偷走，也不会在你饥肠辘辘的时刻被你炒熟了充饥。如果那样做了，你虽可一时果腹，却丧失了长久发展的原动力。

那颗种子可能藏在你的耳朵里，你就有了灵敏的听觉。可能藏在你的手指甲里，你就有了非凡的触觉。也可能在你的眸子里，也可能在你的肌肉中。当然了，更可能在你的大脑中、心脏里、双手中……

每个人在属于个人的成长经历中，早已获得了解决问题的丰富宝藏。请信任我们的潜意识，它必定能在正确的时机产生恰当的回应。告诉你一句悄悄话——有时候，信息也将以非语言的方式揭露真相。

找找吧，一定找得到！

身体里绝对有不少于一百种的功能，能保证你在浑然不觉中完成种种复杂的运作。但你不要以为功能们会一直老老实实地待在那里，它们是勤勤恳恳的，却不是任劳任怨的。如果你一直视它们的存在为理所当然，从来不照料它们，不维护和激励它们，或是过度使用，或是置若罔闻，那么，它们不是反抗，就是消极怠工，也许集体突围，无声无息地溜走了，然而你误以为它们从来不曾居住在你的身体里。要知道，一辈子无意识地随波逐流，会导致你各种功能的退化。

成功并不像想象的那样难，因为我们不敢做，它才变得难起来。

机遇在不知不觉中降临

学会不怨天尤人，勇敢地负起自己应该负起的责任，这是一种美德，并且会给自己带来意想不到的礼物，那就是——你将一手造就自己的经历，为自己带来好运气。

我一直很相信这样一种说法——当你坚定地承担责任勇往直前的时候，天地万物好像听到了一个指令，会齐心协力地帮助你、提携你。于是，贵人也出现了，机会也在最不可能滋生的崖缝中，露出了细芽。

我有时自己也想不通，这不是迷信吗？天地万物怎么会听从一个指令呢？它们的耳朵在哪里？它们的听力如何？这个指令是什么人发出来的呢？它用的是何种语言？

想不通啊想不通！但现实中确实有这样的故事，我听到很多人这样说过，在充满了感动的同时，也充满了疑惑。想啊想，我终于理出了一点头绪。

那个帮你忙的指令，其实出自你的内心。一个人，如果他是积极向上永不妥协的，那么，他的一举一动一笑一颦，都会放射出这种不屈的信息。这就像香草就要发出烘烤般的酥香气息，拦也拦不住，堵也堵不了。所有经过他身边的人，都会看到这种灼热光华，如同走过夜明珠的身旁。

我坚信，很多人在内心里，是愿意帮助别人的。特别是这种帮助并不会带给自身重大损失的时候，很多人都愿意伸出友谊之手。

这种手，有的时候是一个机遇，给谁都是给，为什么不给一个让我们心生好感的人呢？为什么不给一个让人们心怀敬重的人呢？为什么不给一个具备美德的人呢？于是你就得到了它。

有的时候，援手是一个信息。因为你让对方感到愉悦，人在愉悦的时候就会浮想联翩。施助者的潜意识喜欢你，就想——也许这个消息对这个人会有益处呢？于是，它把这句话送到了主人的嘴边。很可能连主人都没有意识到这种好感和这条信息之间的关联，但勤快的潜意识就麻利地把事情给办妥了，没想到不经意间，这便成就了你的新生。

更多的时候，援手是一点小钱。这对有钱人算不得什么，对贫困中的人，却是天降甘露。你可能因为有了这一点小钱，而获得了转机，迎来了拐点。这对于施恩之人来说，很可能只是举手之劳。钱和钱的概念有时有天壤之别，用处也大相径庭，钱是会玩魔术的。

援手有的时候只是鼓励和关爱。虽然鼓励和关爱并不需要太大的付出，但人们只会鼓励那些和自己的人生大目标相投的人，会关爱和自己的爱好信仰相符的人。

一个人只有在光明磊落的时候，才会不避讳自己的奋斗目标，才会在很多不经意的瞬间显示出美德和惹人怜爱的细节。而这些，恰好具有打动人心的力量，奇迹就慢慢地显影了。

世界上的事，都是因人而异。对你难于上青天的事，对另外一些人不过是小菜一碟。所以，先锤炼你的人格和目标吧。当它们光彩照人的时候，机遇就在不知不觉中降临了。

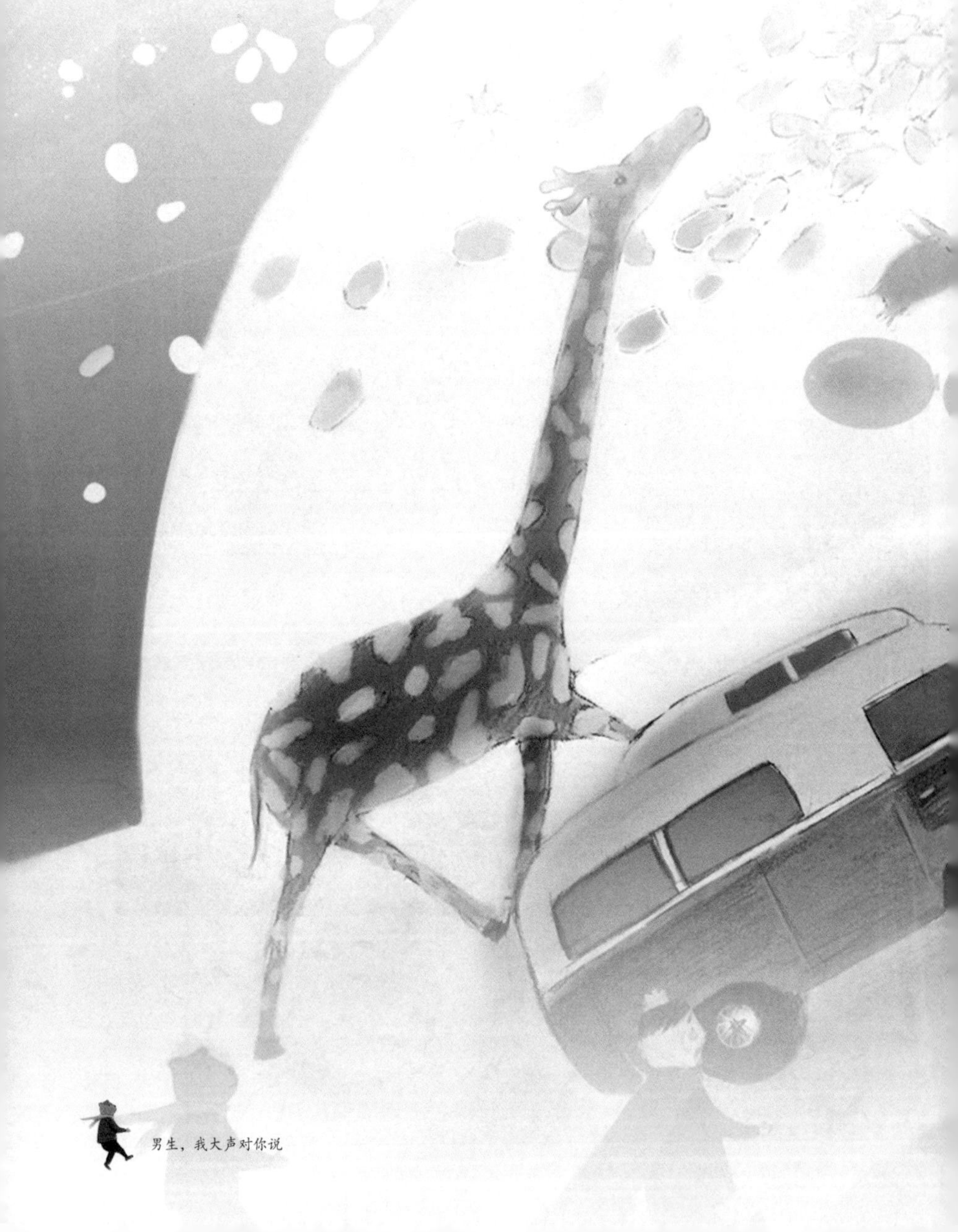

这没有什么可神秘的，只要你像雏鹰，无数次张开翅膀，有一次正好刮过来了风，那是一股上升的气流。如果你蜷曲在巢中，无论刮过怎样的风，对你都只是寒冷。

第五辑

孤独是一种兽性

无论表面上我们如何伤痕累累，
一蹶不振，破败不堪，
我们依然是有价值的，
这个价值与生俱来，除了你自己，
没有任何人可以让你贬值。

忍受快乐

许多年前，我从雪域西藏回北京探亲，在车轮上度过了二十天时光。最终到家，结束颠沛流离之后，很有几天的时间，我无法适应凝然不动的大地。当我的双脚结结实实地踩在土地上的时候，感觉怪诞和恐慌。我焦灼不安地认为，只有那种不断晃动和起伏的颠簸，才是正常的。

你看，经历就是这么轻易地塑造一个人的感受和经验。当我们与快乐隔绝太久，当我们在凄苦中沉溺太深的时候，我们往往在快乐面前一派茫然。这种陌生的感觉，本能地令我们拒绝和抵抗。当我们把病态看成了常态时，常态就成了洪水猛兽。

一些人，对快乐十分隔膜。他们习惯于打拼和搏斗，竟不识天真无邪的快乐为何物。他们对这种美好的感觉，是那样骇然和莫名其妙，他们祷告它快快过去吧，还是沉浸在争执的旋涡中更为习惯和安然。

还有一些人，顽固地认为自己注定不会快乐。他们从幼年起，就习惯了悲哀和苦痛。他们不容快乐的现实来打扰自己，不能胜任快乐的重量和体积。他们更习惯了叹息和哀怨，甚至发展到只有在凄惨灰色的氛围里，才有变态的安全感。那实际上是一种深深的忧虑造成的麻痹和衰败，他们丧失了宁静地承接快乐的本能。

他甚至执拗地蒙起双眼，当快乐降临的时候，不惜将快乐拒之门外，他们已经从快乐焦虑症发展到了快乐恐惧症。当快乐敲门的时候，他们会像寒战一般抖起来。当快乐失望地远去之后，他们重新坠入暗哑的泥潭中，熟悉地昏睡了。

常常有人振振有词地说，我不接受快乐，是因为我不想太顺利了，那样必有灾祸。

此为不善于享受快乐的经典论调之一，快乐就是快乐，它并不是灾祸的近亲，和灾祸有什么血缘的关系。快乐并不是和冲昏头脑想入非非必然相连，灾祸的发生自有它的轨迹，和快乐分属不同的子目录。中国有句古话，叫作乐极生悲。我相信世上一定有这种偶合，在快乐之后，紧跟着就降临了灾难。但我要说，那并不是快乐引来的厄运，而是灾难发展到了浮出海面的阶段。灾难的力量在许多因素的孕育下，自身已然强大。越是在这种情形下，我们越是要珍惜快乐，因为它的珍贵和短暂。只有充分地享受快乐，我们才有战胜灾难的动力和勇气。

许多人缺乏忍受快乐的容量，怕自己因为享受了快乐，而触怒了什么神秘的力量，怕受到天谴，怕因为快乐而导致了自己的毁灭。

快乐本身是温暖和适意的，是欢畅和光亮的，是柔润和清澈的，同时也是激烈和富有冲击力的。

由于种种幼年和成年的遭遇，有人丢失了承接快乐的铜盘，双手掬起的只是泪水。这不是他们的过错，但是他们永久的悲哀。他们不敢享受快乐，他们只能忍受。当快乐来临的时候，他们手足无措，举止慌张，甚至以为一定是快乐敲错了门，应该到邻居家串门的，不知怎么搞差了地址。快乐美丽的笑脸把他们吓坏了，他们在快乐面前，感到不大自在，赶紧背过身去。快乐也就寂寞地遁去。

快乐是一种心灵自在安详的舞蹈，快乐是给人以爱自己也同时享有爱的欢愉的沐浴，快乐是身心的舒适和松弛，快乐是一种和谐和宁静。

当我们奔波颠簸跳荡狂躁得太久之后，我们无法忍受突然间的安稳和寂静。我们在无边无际的喧闹中，遗失了最初的感动，我们已忘怀大自然的包容和涵养，我们便不再快乐。

很多人不敢接受快乐的原因，是觉得自己不配快乐。这真是一个奇怪的逻辑。快乐是属于谁的呢？难道不是像我们的手指和眉毛一样，是属于我们自身的吗？为什么让快乐像一个无人认领的孤儿，在路口徘徊？

人是有权快乐的，甚至可以说，人就是为了享受心灵的快乐，才努力和奋斗，才与人交往和发展。如果这一切只是为了增加苦难，我们还有什么理由为此奋斗不息？

人是可以独自快乐的，因为人的感觉不相通。既然没有人能代替我们切肤之痛的苦恼，也就没有人能指责我们的独自快乐。不要以为快乐是自私的，当我们快乐的时候，我们就播种快乐的种子。我们把快乐传染给周围的人，我们善待周围的世界，这又怎么能说快乐是自私的呢？

当我们不接纳快乐的时候，我们实际上是不尊重自己，不相信自己，不给自己留下美好驰骋和精神升腾的空间。

快乐是一种无拘无束的展翅翱翔，快乐是一种淋漓尽致的挥洒泼墨，快乐是一种两情相依，快乐是一种生死无言。

对于快乐，如同对待一片丰美的草地，不要忍受，要享受。享受快乐，就是享受人生。如果快乐不享受，难道要我们享受苦难？即便苦难过后，给我们留下经验的贝壳，当苦难翻卷着白色的泡沫的时候，也是凶残和咆哮的。

快乐是我们人生得以有所附丽的红枫叶，快乐是羁绊生命之旅的坚韧缰绳。当快乐袭来的时候，让我们欢叫，让我们低吟，让我们用灵魂的相机摄下这些瞬间，让我们颔首微笑地分享它悠远的香气吧！

忍受快乐，是一种怯懦。享受快乐，是一种学习。

抵制“但是”

“但是”这个连词，好似把皮坎肩缀在一起的丝线，多用在一句话的后半截，表示转折。

比方说：你这次的考试成绩不错，但是——强中自有强中手。

比方说：这女孩身材不错，但是——皮肤黑了些。

不知“但是”这个词刚发明的时候，对它前后意思的分量，大致公允？也就是说，它只是一个单纯纽带，并不偏谁向谁。后来在长期的使用磨损中，悄悄变了。无论在它之前，堆积了多少褒义词，“但是”一出，便像洒了盐酸的污垢，优点就冒着泡沫没了踪影。记住的总是贬义，好似爬上高坡，没来得及喘口匀气，“但是”就不由分说把你推下了谷底。

“但是”成了把人心捆成炸药包的细麻绳，成了马上有冷水泼面的前奏曲，让你把前面的温暖和光明淡忘，只有振作精神，迎击扑面而来的顿挫。

其实，所有的光明都有暗影，“但是”的本意，不过是强调事物立体。可惜日积月累的负面暗示，“但是”这个预报一出，就抹去了喜色，忽略了成绩，轻慢了进步，贬斥了攀升。

一位心理学家主张大家从此废弃“但是”，改用“同时”。

比如我们形容天气的时候，早先说：今天的太阳很好，但是风很大。

今后说：今天的太阳很好，同时风很大。

最初看这两句话的时候，好像没有多大差别。你不要急，轻声地多念几遍，那分量和语气的韵味，就体会出来了。

但是风很大——会把人的注意力凝固在不利的因素上。觉着太阳好不是件值得高兴的事情，风大才是关键。借助了“但是”的威力，风把阳光打败。

同时风很大——它更中性和客观，前言余音袅袅，后语也言之凿凿。不偏不倚，公道而平整。它使我们的心神安定，目光精准，两侧都观察得到，头脑中自有安顿。

一词背后，潜藏着的是如何看待世界和自身的目光。

花和虫子，一并存在，我们的视线降落在哪里?

“但是”，是一副偏光镜，让我们聚焦在虫子，把它的影子放得浓黑硕大。

“同时”，是一个透明的水晶球，均衡地透视整体，既看见虫子，也看见无数摇曳的鲜花。

尝试着用“同时”代替“但是”吧。时间长了，你会发现自己多了勇气，因为情绪得到保养和呵护。你会发现拥有了宽容和慈悲，因为更细致地发现了他人的优异。你能较为敏捷地从地上爬起，因为看到沟坎的同时也看到了远方的灯火……

切开忧郁的洋葱

忧郁是一只近在咫尺的洋葱，散发着独特而辛辣的味道，剥开它紧密黏黏的鳞片时，我们会泪流满面。

一位为联合国工作的朋友告诉我，她到过战火中的难民营，抱起一个小小的孩子。她紧紧地搂着这幼小的身躯，亲吻她枯干的脸颊。朋友是一位博爱的母亲，很喜爱儿童，温暖的怀抱曾揽过无数孩子，但这一次，她大大地惊骇了。那个婴孩软得像被火烤过的葱管，萎弱而空虚，完全不知道贴近抚育她的人，没有任何欢喜的回应，只是被动地僵直地向后反张着肢体，好似一块就要从墙上脱落的白瓷砖。

朋友很着急，找来难民营的负责人，询问这孩子是不是有病或是饥寒交迫，为什么表现得如此冷漠。那负责人回答说，因为有联合国的经费救助，孩子的吃和穿都没有问题，也没有病。她是一个孤儿，父母双亡。孩子缺少的是爱，从小到大，从没有人抱过她，因她不知“抱”为何物，所以不会反应。

朋友谈起这段往事，感慨地说，不知这孩子长大之后，将如何走过人生？

不知道，没有人回答，寂静。但有一点可以预见，她的性格中必

定藏有深深的忧郁。

我们都认识忧郁。每一个人，在一生的某个时刻，都曾和忧郁狭路相逢。

自然界的风花雪月，人生的悲欢离合，从宋玉的悲秋之赋到绿肥红瘦的喟叹，从游子的枯藤老树昏鸦到弱女的耿耿秋灯凄凉，忧郁如同一只老狗，忠实而疲倦地追着人们的脚后跟，挥之不去。随着现代社会的发达，忧郁更成了传染的通病。“忧郁症”已经如同感冒病毒一般，在都市悄悄蔓延流行。

忧郁像雾，难以形容。它是一种情感的陷落，是一种低潮的感觉状态。它的症状虽多，灰色是统一的韵调。冷漠，丧失兴趣，缺乏胃口，退缩，嗜睡，无法集中注意力，对自己不满，缺乏自信……不敢爱，不敢说，不敢愤怒，不敢决策……每一片落叶都敲碎心房，每一声鸟鸣都溅起泪滴，每一束眼光都蕴涵孤独，每一个脚步都狐疑不定……

一个女大学生给我写信，说她就要被无尽的忧郁淹没了。因为自己是杀人凶手，那个被杀的人就是她的妈妈。她说自己从三岁起双手就沾满了母亲的鲜血，因为在那一天，妈妈为了给她买一支过生日的糖葫芦，横穿马路，倒在车轮下……

“为此，我怎能不忧郁？忧郁必将伴我一生！”信的结尾处如此写着，每一个字，都被水洇得像风中摇曳的蓝菊。

说来这女孩子的忧郁，还属于忧郁中比较谈得清的那种，因为源于客观的、重要人物的失落，在某种程度上，是我们不得不面对的痛苦反应。更有那说不清道不明的忧郁，树蚕一样噬咬着我们的心，并用重重叠叠的愁丝，将我们裹得筋骨蜷缩。

忧郁这种负面情感的源头，是个体对失落的反应。由于丧失，所以我们忧郁。由于无法失而复得，所以我们忧郁。由于从此成为永诀，所以我们忧郁。由于生命的一去不返，所以我们忧郁。

从这种意义上讲，忧郁几乎是人类这种渺小的动物面对宇宙苍穹时与生俱来的恐惧，所以我们无法从根本上消除忧郁。我相信，凡有人类生存的日子，我们就要和忧郁为朋，虽然我们不喜欢，但我们必须学会与忧郁共舞。

正因为这种本质上的忧郁，所以我们才要在有限的生存岁月中挑战忧郁，让我们自己生活得更自由、更欢愉、更生气勃勃。

失落引发忧郁。当我们分析忧郁的时候，首先面对的是失落。细细想来，失落似可分为不同性质的两大类。

一是目前发生的真实与外在的失落，可以被我们确认并加以处理的。比如失去父母，失去朋友，失去恋人，失去工作，失去金钱，失去股票，失去名声，失去房产，失去自信……惨虽惨矣，好歹失在明处，有目共睹。

二是源自自我发展的早期便被剥夺或严重的失望经验，导致内在的深刻失落。这话说起来很拗口，其实就是失在暗地，失得糊涂，失得迷惘，失在生命入口端的混沌处。你确切无疑地丢失了，却不知遗落在哪一处驿站。

这可怕的第二种失落，常常是潜意识的，表明在我们的儿童期，有着不同程度的缺憾和损失。因为我们未曾得到醇厚的爱，或因这爱的偏颇，使我们的内心发展受阻。因为幼小，我们无法辨析周围复杂的社会，导致丧失了对他人的信任，并在这失望中开始攻击自己。如同联合国那位朋友所抱起的女婴，她已不知人间有爱，她已不会回报爱与关切。在这种凄楚中长大的孩子，常常自我谴责与轻贱，认为自己不可爱、无价值，难以形成完整高尚的尊严感。

过度的被保护和溺爱，也是一种失落。这种孩子失落的是独立与思考，他们只有满足的经验，却丧失了被要求负责的勇气，丧失了学会接受考验和失败的能力，丧失了容纳失望的胸怀。一句话，他们在百般呵护下残害了自我的成长性和控制力的发展。他们的脑海深处永远藏着一个软骨的啼哭的婴孩，因为愤怒自己的无力，并把这种无能感储入内心，因而导致无以名状的忧郁。

人的一生，必须忍受种种失落。就算你早年未曾失父失母、失学失恋，就算你一帆风顺平步青云，你也必得遭遇青春逝去、韶华不再的岁月流淌，你也必得纳入体力下降、记忆衰退的健康轨道，你也必有红颜易老、退休离职的那一天，你也必得遵循生老病死、新陈代谢的铁律。到了那一刻，你是否有足够的弹性，抵御忧郁？

还有一种更潜在的忧郁，是因为我们为自己立下了不可达到的高标准，产生了难以满足的沮丧感。这种源自认定自我罪恶的忧郁症状，是与外界无关的，全靠我们自我省察，挣脱束缚。

忧郁的人往往是孤独的，因为他们的自卑与自怜。忧郁的人往往互相吸引，因为他们的气味相投。忧郁的人往往结为夫妻，多半不得善终，因为无法自救亦无力救人。忧郁的人往往易于崩溃，因为他们哀伤，更因为他们羸弱、绝望。

难民营的婴儿，不知你长大后，能否正视自己的童年？失却的

不可复来，接受历史就是智慧。记忆中双手沾着血迹的女大学生，你把那串猩红的糖葫芦永远抛掉吧，你的每一道指纹都是洁白的，你无罪，母亲在天国向你微笑。

不要嘲笑忧郁，忧郁是一种面对失落的正常。不要否认我们的忧郁，忧郁会使我们成长。不要长久地被忧郁围困，忧郁会使我们萎缩。不要被忧郁吓倒，摆脱了忧郁的我们，会更加柔韧刚强。

卑微也是我们的朋友

如果你自卑，不要把这视为奇耻大辱。人人都自卑，只是我们战胜自卑的方法不一样。承认自卑是正常的，这就是胜利的第一步。

嘿！我常常收到很多人发来的信件，述说自己因为种种理由而自卑，比如个子矮小，家庭贫困，父母双亡或是单亲，受教育的程度太低，不知道某个常识而被人耻笑，开运动会买不起新的运动鞋，嗓子太粗，不能像夜莺般美妙，头太大了，说话带有明显的乡下口音，等等。

如果说这些在一般人的印象中是弱项，从而成为了自卑的理由，那么，我们比较容易理解。我还听到过有人因为自己太美丽而自卑。那姑娘讲，她付出努力所取得的一切成就，都被人归结为美貌带来的幸运，甚至还有人话里话外地敲打她是不是运用了某种潜规则。

这个清俊的女生满怀幽怨地说，我为我的相貌而深深自卑。我很想去整容，把自己整得丑陋一些，这样就可以抬起头来做人，人们就会认识到我是一个有内在价值的人。不骗你，我真的到整形医院去了，可整形师说从来没有接收过这样的病例，他想不出如何操作……

对于人人都自卑这件事，我是百分百相信。你若是不信，可以抽空看看名人的传记。几乎没有一个名人不谈到自己是自卑的，而且按照咱们上面列举的自卑理由，他们也都是“师出有名”的。

“我不如别人。我自卑，所以，我不停地努力。当年从郑州到国家队的时候，没有一个人肯定我，他们全说一米五的我打球不会打得如何。为了证明给他们看，我快发了疯，每天都比别人刻苦，我知道我的个子不如别人，别人允许有失败的机会，我没有。我只能赢，所以我打球凶狠，那是逼出来的。后来我成功了，别人又说我没有大脑，只会打球。于是我发疯地学习，英语从不认识字母到熟练地和外国人对话。我不比别人聪明，我还自卑，但一旦设定了目标，就绝不轻言放弃。什么都不用解释，用胜利说明一切！”

这段话是谁说的啊？恐怕你看完了就会知道，这是获得过十八个世界冠军、得过四枚奥运金牌的邓亚萍。

也许你要说，这么伟大的人，我们就不好比了。那容我再来录上一段普通人的自卑史。

“我曾经是个非常自卑的人，即使是现在，自卑还常常在，我觉得自己很多地方不如人。我不如A聪明，不如B睿智，不如C有才，不如D美貌如花……我只是一个普通女子，不善言，不会搞各种关系，我只会写字，通过写字证明我自己。感谢我的自卑，它让我越挫越勇，让我觉得永远不如别人，让我不敢停步，让我在人生的路上一路坚强。”

这位女子的文章常常见诸报端，你打开《读者》《青年文摘》等刊物，经常会看到她的文章。

我手边看到的资料说到，刚刚因为出演了《色·戒》而再次获奖的梁朝伟就说自己一直是个非常自卑的人。名人尚且如此，遑论我等俗众！

哦，不要把自卑看得那么可怕，这是人人都享有的一个特点。其实这话说得有语病，既然是人人都有，就不能说是特点了，只能说是常数。对于一个规律性的东西，实在没有害怕的必要，从容对待就是了。因为渺小的人类对于浩瀚的宇宙来说是自卑的，羸弱的婴孩对于伟壮的成人来说是自卑的，短暂的生命对于无涯的时空来说是自卑的。我们的种种欠缺和无奈，对于光明的期望和理想来说是自卑的。

刚才说了这么多自卑的合理性，并非要大家对自卑安之若素。其实，你接纳了自卑，你把自卑当成一个朋友，它就会以你意料不到的方式来帮助你。

为了战胜自卑，我们就会更加努力。因为自卑的持续存在，我们或许会比较少骄横。因为自卑，我们记得渺小和尊崇，这未尝不是因祸得福呢！

阿尔弗雷德·阿德勒认为，从人一出生，自卑感就伴随左右，之后需要用一生的时间去提高自己的技能、优越感和对别人的重要性。

这样看来，卑微也是我们的朋友，卑微里也有不容小觑的力量。

在纸上写下你的忧伤

把你不快乐的理由写在一张纸上，你会惊奇地发现，它们完全没有你想象的那样多，一般来说，它们是不会超过十条的。在这其中，把那些你不可能改变的理由划掉，比如你不是双眼皮或者你不是出身望族，然后认真地对付剩下的若干条，看看有哪些切实可行的方法可以将它们改变。

我常常用这个法子帮助自己，写在这里，供朋友们参考。

先准备一张纸，在纸上写下我纷乱的思绪。最好是分成一条条的，这样比较清晰和简明扼要。要知道，人在愁肠百结、眼花缭乱的时候，分辨力下降，容易出错，所以把复杂的问题简单化、条理化，用通俗点的说法，就是给问题梳个小辫子。实践证明，这是个好方法。

具体的操作步骤是这样的：假如你感到沮丧，就请你分门别类地把沮丧的理由写下来。假如你哀伤，就尝试着把哀伤的理由也提纲挈领地写下来。如果你也不知道因为什么，就是心烦意乱、百爪挠心、不知所措、诸事不顺的时候，也请你把所有可能导致如此糟糕心情的理由写下来。不要嫌麻烦，依此类推——当你愤怒的时候，当你寂寞的时候，当你无所适从的时候，当你自卑和百无聊赖的时候……都可以用这个法子试一试。

给你一个建议——找一张大一些的纸，起码要有 A4 纸那样大。如果你愿意用一张报纸一般大的纸，也未尝不可。反正我常常是这样开始的，引发我不适的感觉是如此强烈，深感没有一张大纸根本就写不下。数不清的理由像野兔般埋伏在烦恼的草丛里，等待着我去一一将它们抓出来。如果纸太小，哪里写得下？写到半路发觉空白地方不够了，再去找纸，多么晦气！

当然了，你要找一个安静的地方。你要独自一人。不要把这当成一个玩笑，精神的忧伤是值得认真对待的，我们要凝聚心力，有条不紊地打开创口。

我当过外科医生，每逢打开伤口的时候，我都要揪着一颗心，因为会看到脓血和腐肉，有的时候，还有森森白骨。但是，任何一个负责任的医生，都不会因为这种创面的血腥狼藉而用一层层的纱布掩盖伤口，那样只会养虎为患，使局面越来越糟。

打开精神的伤口也是需要勇气的。当你写下第一条的时候，你很可能会战战兢兢地下不了笔，这时候，你一定要鼓起勇气，不要退缩。就像锋利的柳叶刀把脓肿刺开，那一瞬，会有疼痛，但和让脓肿隐藏在肌肉深处兴风作浪相比，这种短痛并非不可忍受。

第一刀刺下去之后，你在迸出眼泪的同时，也会感到一点点轻松，因为，你把一个引而不发的暗疾揪到了光天化日之下。

乘胜追击，不要手软，请你用最快的速度再写下让你严重不安的第二条理由。这一次，稍稍容易了一些。不是吗？因为万事开头难啊！你已经开了一个好头，你已经把让你最难忍受的苦痛凝固在了这张洁白的纸上。这张纸，因了你的勇敢和苦痛，有了温度和分量。

第二条写完之后，请千万不要停歇下来，一定要再接再厉啊！这应该不是什么太难之事，因为让你寝食不安的事不会只是这样简单的一两件，你的悲怆之库应该还有众多的储备呢！也不要回头看，估摸自己已经写的那些东西是不是排名前后有调整的必要，只须埋头向前，一味写下。

写！继续！用不着掂量和思前想后，就这样写下去。等到你再也写不出来的时候，咱们的“白纸疗法”第一阶段就先告一段落。

摆正那张纸，回头看一看。

我猜你一定有一个大惊奇，那些条款绝没有你想象的多！在一瞬间，你甚至有些不服气，心想造成我这样苦海无边、纷乱不止的原因，难道只有这些吗？不对，一定是什么地方出了差池，我想得还不够深不够细，概括得还不够周到，整理得还不够全面……

不要紧，不要急。你尽可以慢慢地想，不断地补充。你一定要穷尽让自己不开心的理由，不要遗漏一星半点。

好了，现在，你到了绞尽脑汁再也想不出新的愁苦之处的阶段了，那么，我们的“白纸疗法”第一阶段正式完成。

你可以细细端详这些让你苦恼的罪魁祸首。我猜你还是有些吃惊，它们比你预想的还要少得多。你以为你已万劫不复，其实，它们最多不会超过十条。

不信，我可以试着罗列一下。

1. 亲人逝去；

2．工作变故；

3．婚姻解体；

4．人际关系恶劣；

5．缺乏金钱；

6．居无定所；

7．疾病缠身；

8．牢狱之灾；

9．失学失恋；

……

看到这里，你也许会说，这也太极端了吧？这些倒霉的事怎么能都集中到一个人身上呢？这种人在现实中的比例太低了！万分之一有没有啊？是的，我完全能理解你的讶然，但是，正如我们前面所说的，即使是这样的“头上长疮脚下流脓”的超级倒霉蛋，他的困境也并没有超过十条。

现在，“白纸疗法”进入第二个阶段。

把你的那些困境分分类，看看哪些是能够改变的，哪些是无能为力的。对于能够改变的，你要尽自己的努力来争取摆脱困境。对于那些不能改变的，就只能接受和顺应。

咱们还是拿那个天下第一倒霉蛋的清单来做个具体分析。

不能改变的：亲人逝去，婚姻解体，疾病缠身。

已经得到改变的：因为牢狱之灾，解决了居无定所。因为牢狱之灾，也就没有继续工作的可能性了，所以，第二条困境就不存在了。

失学这件事，也只有等待出狱之后再做考虑。失恋这件事，虽然说并不是完全没有希望挽回，但因为恋爱毕竟是两个人的事情，假如在没有牢狱之灾的情况下，对方都已经和你分手，那么现在的局面更加复杂，和好的可能性也十分微弱，基本上可以把它放入你无能为力的筐子里面了。

可以做出的改变：

1. 在牢狱里，服从管理，争取减刑。

2. 积极治病，强身健体。

3. 学习知识和技能，争取出狱后能继续学业或是找到工作，积攒金钱，建立新的恋爱关系，找到房子，成立美满家庭。

通过剖析这张超级倒霉蛋的单子，我想你已经知道了该怎么做，我这里也就不啰唆了。毕竟每一片叶子都是不同的，每一个人遇到的具体困境和难处也都是不同的，我也就不打听你的隐私了。现在，让我们进入“白纸疗法”的第三个阶段。

第三个阶段非常简单，就是你给自己写一句话，可以是鼓励，也可以是描述自己的心境，也可以是把自己骂上一句。当然了，这可不是咬牙切齿的咒骂，而是激励之骂。

有的朋友可能还是不知道如何下笔，让我举几个例子。

有人写的是：那个悲伤的人已经走远，我从这一刻再生。

有人写的是：振作起来，不然，我都不认识你了！

还有人写的是：一切反动派都是纸老虎。

最有趣的是我曾看到一个年轻人写道：啊！我呸！

我问他，这个“我呸”，是什么意思？

他翻翻白眼说，你连这个都不懂？就是吐唾沫的意思。吐痰，这下你总明白了吧？

我笑笑说，还是不大明白。

他说，你怎么这么笨呢！像吐口水一样，把过去的霉气都吐出去，新的生活就开始了。我小的时候，每逢遇到公共厕所，氨水样的味道直熏眼睛，我妈就告诉我，快吐口水，就把吸进肚子里的臭气都散出去了……现在，我也要“呸”一下。

我明白了，这是一个仪式，和过去的沮丧告别，开始新的一天。其实也很有道理，在咱们的文化中，有一个词，叫作“唾弃”，说的就是完全的放弃。还有一个词叫作“拾人余唾”，就是把别人放弃的东西再捡回来，充满了贬义。因此，这个小伙子在一句“我呸”当中，蕴涵了弃旧图新的决定。

任何成瘾都是灾难

有个年轻人，名叫安澜，他说自己干什么都会成瘾。

我要详细了解情况，就说，请打个比方。

他说，我上学的时候就对网络成瘾。那时候，我每天起码有 5 小时要趴在网上，网友遍布全世界。

我插嘴道，全世界？真够广泛的。

安澜说，是啊。人们都说上网对学习有影响，可那时我的英文水平突飞猛进，因为要和国外的网友聊天，你要是英文不利索，人家就不理你了。

我说，一天五小时，你还是学生，要保证正常的上课，哪里来的这么多时间啊？

安澜说，很简单，压缩睡眠，我每天只睡五小时。我有单独的房间，电脑就在床边。我每天做完作业后先睡下，四小时之后，准时就醒了，一骨碌爬起来就上网，神不知鬼不觉的，到了天快亮的时候，再睡一小时回笼觉。爸爸妈妈叫我起床的时候，我正睡得香甜。很长时间，家里人看我白天萎靡不振的，都以为是上学累的，殊不知我的睡眠是个包子，外面包的皮是睡觉，里面裹的馅就是上网。

我说，青少年正是长身体的时候，你这样睡眠不足，是要出大问题的。

安澜说，还真让您说对了。后来，我就得了肾炎。因为不能久坐，我只好缩减了上网的时间。我休了学，急性期过了以后，医生建议我开始缓和的室外活动，慢慢地增强体力，我就到郊外或是公园散步。一个人在外面闲逛，就是风景再美丽、空气再新鲜，也有腻的时候。我爸说，要不给你买个照相机吧，一边走一边拍照，就不觉得烦了。家里先是给我买了个数码的傻瓜相机。果然，照相让人觉得时间过得很快，一只狗正在撒尿，一只猫正在龇牙咧嘴地向另外一只猫挑衅，都成了我的摄影素材。白天照了相，晚上就在电脑上回放，自己又开心一回。很快，这种简陋的卡片机就不能满足我的愿望了。我开始让家里人给我买好的机子，买各式各样的镜头……把自己认为好的照片放大。城周围的景物照烦了，就到更远的地方去，我又迷上了旅游。后来我爸说，我这是豪华型患病，花在照相和旅游上的钱，比吃药贵多了。不管怎么样，我的病渐渐地好了。因为错过了高考，我就上了一所职业学校，学市场营销。毕业以后，我进了一家玩具公司。玩具这个东西，利润是很大的，只要你营销搞得好，拿比例提成，收入很可观。这时候，因为时间有限，到远处旅游和照相，变得难以实现，我就迷上了请客吃饭……

我虽然知道咨询师在这时应该保持足够的耐心倾听，还是不由自主地小声重复——迷上了请客吃饭?

说句实话，我见过各种上瘾的症状，要说请客吃饭上瘾，还真是第一次碰上。

安澜说，是啊。我喜欢请客时那种向别人发出邀请，别人受宠若惊的感觉。喜欢挑选餐馆，拿着点菜单一页页翻过时的那种运筹帷幄的感觉，好像点将台上的将军，尤其是喜欢最后结账时一掷千金舍我其谁的豪爽感。

我思忖着说，你为这些感觉付出的代价一定很高昂。

安澜垂头丧气地说，谁说不是呢？去年年底，我拿到了七万块钱的提成奖励，结果还没过完春节，就都花完了，我可给北京的餐饮业做出了杰出的贡献。最近，我们又要发季度提成了，我真怕这笔钱到了我的手里，很快就烟消灰灭。而且，酒肉朋友们散去之后，我摸着空空的钱包，觉得非常孤单。可是下一次，我又会重蹈覆辙，不能自拔。我爸和我妈提议让我来看心理医生，说我这个人爱上什么都没节制，很可怕。将来要是谈上女朋友也这样上瘾，今天一个明天一个，就变成流氓了。我自己也挺苦恼的，一个人，要是总这样管不住自己，也干不成大事啊，您能告诉我一个好方法吗？

我说，安澜，我知道你现在很焦虑，好方法咱们来一起找找看。你能告诉我像上网啊、摄影啊、旅游啊、请客吃饭啊这些活动带给你的最初的感觉是什么吗？

安澜说，当然是快乐啦！

我说，让咱们假设一下，如果在那个时候，来了位医生抽一点你的血，化验一下你的血液成分，你觉得结果会怎么样？

安澜困惑地吐了一下舌头，说，估计很疼吧？结果是怎样的，就不知道了。

我说，抽血有一点疼，不过很快就会过去。我以前当过很久的医生，对化验这方面有一点心得。当人们在快乐的时候，内分泌系统会有一种物质产生，叫作内啡肽。

安澜很感兴趣说，您告诉我是哪几个字。

我在一张纸上写下了“内啡肽”几个字。

安澜仔细端详着，说，这个“啡”字，就是咖啡的“啡”吗?

我说，正是，咖啡也有一定的兴奋作用。

安澜说，您的意思是说，每当我进入那些让我上瘾的活动的时候，我身体里都会分泌出内啡肽吗?

我说，安澜，你很聪明，的确是这样的。内啡肽让我们有一种不知疲劳、忘却忧愁、精神焕发的感觉。这在短期内当然是很令人振奋的，但长久下去，身体就会吃不消。这就是很多染上了网瘾的人，最后变成茶饭不思、精神萎靡不振、体重大减、面黄肌瘦的原因啊。而且，因为人上瘾时，对其他的事情不管不顾，考虑问题很不理性，就会出现严重的后果，这也就是你在请人吃完饭之后精神十分空虚的症结。有的人工作成瘾，就成了工作狂。有的人盗窃成瘾，就成了罪犯。有的人飞车成瘾，就成了飙车一族。有的人权力成瘾，就成了独裁者……

安澜说，这样看来，内啡肽是个很坏的东西了。

我说，也不能这样一概而论。人体分泌出来的东西，都是有用的。比如当你跑马拉松的时候，只要冲过了身体那个拐点，因为体内开始有内啡肽的分泌，你就不觉得辛苦，反倒会有一种越跑越有劲的感觉。比如有的科学家埋头科学实验，为了整个人类的发展做出了卓越贡献。在那种非常艰难困苦的条件下能够坚持下来，他的内啡肽也功不可没啊！

安澜说，听您这样一讲，我反倒有点糊涂了。

我说，任何事情都要有节制。比如，温暖的火苗在严冬是个好东西，可要是把你放到火上烤，结果就很不妙。如果你不想变成烤羊肉串，就得赶快躲开。再有，在干燥的沙漠里，泉水是个好东西，但要是发了洪水，让人面临灭顶之灾，那就成了祸害。对于身体的内分泌激素，我们也要学会驾驭。这说起来很难，其实，我们一直在经受这种训练。比如你肚子饿了，经过一个烧饼摊，虽然烤得焦黄的烧饼让你垂涎欲滴，但是如果你没买下烧饼，你就不能抢上一个烧饼下肚。如果你看到一个美丽的姑娘，虽然你的性激素开始分泌，你也不能上去就拥抱人家。所以，学会控制自己的内啡肽，也是成长的必修课之一啊。

听到这里，安澜若有所思地拿起那张纸，看了又看，说，这个内啡肽的“啡”字和吗啡的“啡”字，也是同一个字。

我说，安澜，你看得很细，说得也很正确。成瘾这件事，最可怕的是毒品成瘾。吗啡和内啡肽有着某种相似的结构，当有些人靠着毒品达到快乐巅峰的时候，他们就步入了一个深渊，这就更要提高警惕了。当然了，网瘾和毒品成瘾还是有一定的区别的，不过，一个人要身体健康和心理健康，对所有那些令我们成瘾的事物都要提高控制力，要有节制。

那天告辞的时候，安澜说，我记住了，任何成瘾都是灾难。

孤独是一种兽性

孤独这两个字，从它的偏旁与字形，一眼望去就让人想起动物世界，看来我们聪明的祖先造字的时候，就已洞察它的真髓。

很低等的动物，多半是合群的。比如海洋里庞大的虾群，丛林中的白蚁，都是数目庞大的聚合体。随着物种渐渐进化，孤独才悄然而至。清高的老虎、高傲的鹰隼、狡猾的狐狸、威猛的狮子，你见过成群结队浩浩荡荡组织起来的吗？

等进化到了人，事情才又复杂了。人类为了各种利益，重复集结在一起。比如上千万人口的城市，至今还在膨胀之中，从事某一行业的人摩肩接踵地挤在一起，房屋盖得像毒蘑菇一样紧密，公共汽车拥挤成血肉长城……

在这种情况下，人回忆孤独、渴望孤独而不得，便沉浸于寻找与回味的痛苦。

孤独是一种源于兽的洁癖和勇敢。高雅的人在说到孤独时，以为那是人类的特殊情感，其实不过是返祖之一斑。

孤独是某个生命个体独立地面对大自然的交流。自然是永恒而沉默的，只有深入它的怀抱，在万籁寂静之时，你才能感觉到它轻如发丝的震颤。

寻共鸣易，寻孤独难。因为共同的利害，无数人紧紧拴在一起，利至则同喜，利失则同悲。比如股票市场，哪里有孤独插翅的缝隙？

高官厚禄、纸醉金迷、霓裳羽衣、巧笑倩兮……都需要有人崇拜，有人喝彩，有人钟情……假若孤独着，一切岂不似沙上建塔？

这些人也经常谈论孤独，但他们说出“孤独”这个字眼的时候，表达的不过是一种利益不够辉煌的愤懑，和洁净凉爽无欲无求的孤独感大不相干。

人是软弱的动物，因为恐惧才拥挤一处，以为借此可以抵挡从天而降的风雷。即使无法抵御，因为目睹同类也遭此厄运，私心里也可生出最后的快慰。

孤独是属于兽的一种珍贵属性，表达一种独往独来的自信与勇猛，在人满为患的地球上，它已经越来越稀少了。

也许有一天，人性终于消灭了兽性，孤独就像最后一只恐龙，也会销声匿迹。

美丽是心底的明媚

认识一位资深的整形医生，我问，您可以一眼就看出谁整过形吗?

她说，基本可以。特别是演艺界的人，他们的脸是公开的档案。某个演员笑容呆滞的时候，我知道她刚刚做完一个微型整形项目。某个当红明星突然没有什么缘由地销声匿迹，过一段时间高调复出，我看后知道她或他刚刚把自己打磨完工。我还知道，过一段时光，为了保持良好状态，他或她就得开始下一轮整形了。

我说，整形效果难以持久，是不是他们碰上了手艺不堪的整形医生，所以事倍功半呢?

她说，整形这件事，大约有百分之六十的效果要仰仗整形医生的经验和技术，剩下的百分之三十呢，要看接受者的条件，比如不能是疤痕体质。

我把这两者的概率加了一下，并不到百分之百，就说，那剩下的呢?

整形医生说，剩下的要看天意，就是概率，再说明白点就是运气。有时候，医生没有问题，病人没有问题，却南辕北辙，甚至丢了性命，就是这神鬼难测的百分之十在起作用。

我说，这么有风险的事情，为什么人们还要前赴后继在所不辞？

整形医生说，我们这一行真是蒸蒸日上，不管经济是不是景气，每年的增长率都达到两位数以上，特别是现在开辟了新战场。

我说，你们那儿刀光剑影血流成河，真可谓战场，只不过这增的部分位于哪里？

整形医生说，是小鲜肉们。过去男子除了受伤毁容必须要做整形之外，来得毕竟很有限，多年来只占一个很小的固定比例。最近几年，小鲜肉啊颜值啊呼声震天，年轻男子整形的比例大幅度上升。天生的小鲜肉数目毕竟有限，我们就后天大批量制造小鲜肉和好颜值，也迎来了整个市场的黄金发展时期。

我说，您整形前，一定要好好观察他们的长相吧？

整形医生说，除此之外，最重要的是我让他们一定回答一个问题。回答不正确的，我就不给他做整形。

我说，是什么问题？

整形医生说，请把你的心想象成一座山谷，告诉我，那里是怎样的景象？

有人说，山谷里绿树成荫泉水潺潺。有人说，山谷里鸟鸣不绝百兽出没。有人说，他的山谷里阴风惨惨，宛若地狱。有人说，他的山谷里毒蛇盘踞豺狗成群。

我说，这和整形有什么关系呢？

整形医生说，整形的效果并不是一劳永逸，相由心生。人们为什么要整形？说到底是为了让自己的容貌美丽。可是再端正的容貌，也不是一成不变的，它一定会随着人心的动荡而此起彼伏，就像一件牛仔裤穿在不同人的身上，半年后，就会养成不同的纹路。人的容貌是一块更细腻的布，天然的容貌是这样，靠人工矫正过的容貌更经不起磨损。愁苦，会生出相应的皱纹。快乐，则会有完全不同的纹路。如果你想要美好容颜，请先让自己心境明媚。

也有人拒绝做这个想象，说，我不告诉你，你就不会知道我的心事。我就对他说，你当然可以不告诉我，也可以不对任何人说出你的秘密。但是你不知道，你身边就潜藏着证人，不断揭发你试图掩藏的一切。那人多半大惊失色，说，这是谁？他躲在哪儿？为什么刺探并出卖我！我说，它就是你的脸，你的容貌，你的动作，你的身体，包括你所散发出来的气场。我们的心灵就像树根，滋养生发塑造着我们的身体。一棵树的叶子光泽灼灼，花开艳丽，你就知道它的根系深长营养丰饶。绝大多数的叶子和根长得一点都不相似，可叶子是根的证件照。很多人用尽种种法子，来补充皮肤上的水，来拉直面颊上的纹，来填丰唇上的沟壑，来挑垫低垂的眉……在高明的整形医生手下，这些都不是难事。你可以在短时间内看到某人焕然一新的容貌，然而，整形医生手中的刀，抵不过天下另外两把刀。

我说，那两把刀是什么？

她说，一把刀是时间，时间会冲刷整容的效果，就像雪堆遇到春阳，渐渐融化。还有一把更尖锐的刀，就是心灵的雕刻。只有心底的明媚，才能滋养出旷日持久的美丽。

送你一枚捕梦网

人每日穿行于双重宇宙。

一个是包绕肉体的现实中情境，一个是潜藏于我们内心的幽谧洞穴。人在清醒的时候，五官开放，不停接受着外界的信息，做出各种应答和反应。到了困乏之时，操劳了一天的理智，不得不开始陷进或深或浅的抑制，人就放松地进入了睡眠。但是，除了死亡，人不可能完全丧失感知。人的生理和心理依然保持着警醒。比如，我们的心脏不可能停止跳动，我们的腹部不可能停止消化，我们的胸膛不可能停止呼吸。我们的耳朵，小的动静听不到了，但大的声音依然会唤醒我们。我们的鼻子，依然保持了灵敏的嗅觉。甚至我们的手和脚，也会在睡梦中舞动，防止被压迫太久而麻木。所以，我们不可能完全放弃意识。当外界的干扰减到最小时，那个在理智控制之下的内在系统，就像地下水的泉眼，汩汩流出。它的代表作，就是装饰夜晚的梦境。

古代人重视梦，因为有一部分梦，的确带有警报和预示的作用。我们的潜意识可不是白吃饭的，为了生存的需要，它们夜以继日无时无刻不在分析着情况，为主人做出各种判断，提供情报和警报。它们也要顽强地发出声音，但白天人们目不暇接地受到刺激，实在无暇听取潜意识的发言。潜意识无奈，只好在夜深人静的时候，自告奋勇跳出来一抒己见。它的表现形式就是创造出千奇百怪的梦境。有快乐的，有幸福的，有险恶的，也有惊恐的……上天入地不可预测。

人们当然希望多做好梦。这不仅是源自远古的淳朴期待，也符合思维正能量的理论。当你的希望为正面，天地万物都会响应你。按照吸引力法则，你存有心想事成的能力。所以，好梦在世界上任何一种文化系统中，都是受人欢迎和嘉许的客人。

可人无法控制梦的性质，梦是无拘无束的黑蝴蝶。你不能制定今晚完成一个好梦的计划。梦如野马，放任不羁来去无踪。不过有一点是肯定的，越是内心不安宁，精神力量越是薄弱，安全感越差的人，越容易出现噩梦。

儿童是噩梦的高发群体。婴儿在睡眠中突然毫无来由地哭闹，旁边的人一定会说，这孩子做噩梦了。

如果看到某人在睡眠中陡地脸色大变表情狰狞，人们也会赶紧叫醒他，说刚才你一定做噩梦了。

为了控制无法无天纵横驰骋的梦，古老的先人们一定做过不懈的努力。

在北美洲的印第安人土著部落，有一个绵延至今的风俗，就是妈妈们亲手制作一种名叫“捕梦网”的羽毛箍，放在婴儿的摇篮边，以这种方式保护孩子们梦境平安。

捕梦网源于一则古老的神话。太阳女神是个长得像蜘蛛模样的神灵，她每天晚上会在婴儿睡觉的地方织网。当梦境浩浩荡荡杀过来之时，这张网发挥作用，把噩梦滤出来，只放好梦通行，进入孩子的身体，这样就能保证宝宝们睡得好。不料印第安人的部落越来越大，孩子也越来越多。蜘蛛太阳神分身无术，没法再像以前那样亲自织网贴身照料每一个孩子，就想了个新办法。把织网术教给所有的印第安母亲，让妈妈们亲手制作一张网，放在孩子床前，保佑孩子夜夜平安。这网名叫“捕梦网”。

我到加拿大北部山区的麦克默瑞堡镇，观看北极光。这个小城，位于北纬五十七度，属于极光圈带最南端，气候相对温和。而且空气干燥，没有光污染，质子与粒子的运动量大，比较容易出现极为玄幻的北极光光束。

看北极光是要靠运气的。据说如果待三天，就有超过百分之九十的可能性看到极光。我们安营扎寨的酒店，外观很像印第安人的小屋，只是放大了很多倍。大堂的屋顶上，悬挂着一张巨网。某种坚硬的藤索状物质拧成一个圆箍，圆箍上缠着褐色兽皮的保护层。中间用干燥的半透明野兽皮筋条，拧成类似粗大丝弦的网状结构，彼此勾连成不规则的花纹，网络交叉处，缀以美丽的石头。丝络固定在外箍的八个点上，中间形成了一个中空的孔道。在网的下方，纷披垂落着美丽的羽毛。它就是巨型版的捕梦网。八个点，就代表了蜘蛛女神的八只脚，而网中那个洞，就是太阳的意思，只让好梦就此通过。好梦过了太阳关之后，并不停脚，而是化整为零，顺着羽毛流淌，最后渗透进人们的梦乡。

当地人告诉我说，这张捕梦网，耗时许久，功能卓著。

我大喜，问，是否所有住此酒店的人，都不会做噩梦？

当地人说，那也不一定。单有捕梦网是不够的，还要下符咒才灵。

印第安人信奉强大的“灵力”，只有施了咒语的捕梦网，才是完整的保障体系。不仅能保佑孩子，对成人也非常灵验。像我们这样的异乡人，做不做噩梦，要看神灵的意思。

印第安人相信在夜晚的黑暗中，非常拥挤，飘浮着数不清的梦幻，还有先人遗留下来的智慧，它们鱼龙混杂有好有坏。魔幻的幽灵，环伺在睡眠者的周围，等待时机进入睡眠者的脑海。捕梦网会提供保护，梦就像含有金颗粒的河沙，在此接受筛检过滤，以分出善恶。美梦轻盈，过关斩将，穿行无阻，最终落户梦乡。邪灵噩梦，会像间谍被“捕梦网”死死抓住，不得动弹。清晨第一缕阳光降临之时，被打扫在一处的噩梦，会像泡沫一样消失。

印第安人传统的捕梦网很朴素，先用树枝编成一个圆圈，再用皮革绕着圈把它包起来。然后用牛筋线在圆圈中绕出一个网，在牛筋线上穿坠石头、贝壳和彩色的珠子。圆圈的一端以皮革缝上羽毛。羽毛有向导的作用，牵引着好梦顺利走入梦境。

构成捕梦网的材料很讲究，那可不是随意拼凑的。印第安人相信“万物有灵”，对自然界的一草一木、一山一石都报以敬畏态度，所以他们为制作“捕梦网”精挑细选的材料，都是具有象征意味的神物。

网代表力量。

石头代表土地，主要指陆地。这一点，杀气腾腾的历史让印第安人的美好愿望落了空。他们广袤的土地，被欧洲殖民者肆意掠夺，如今只剩下了范畴逼仄的几块保留地。

羽毛，代表着通往梦境那看不见的道路。黑羽代表着权贵和死亡，艳丽的红羽则表达善意、能力和富饶。印第安人是羽毛控，赋予羽毛至高无上的意义。它象征着勇敢、美貌与财富。根据颜色及佩戴方式，它还象征不同的社会地位和情感状态。有的时候，它还是爱情的信物。一个印第安男子，如果佩戴十分罕见的鸟羽，在姑娘面前走过，就表达热切求亲的爱恋情感。

而且羽毛也不是随便什么人都可以任意佩戴的。平民一般只能插一根普通羽毛，只有酋长才能佩戴大量羽毛的鹰羽冠。羽毛越多，代表功劳就越大，越受人尊敬。鹰冠上的每根羽毛，都必须采用最凶猛的鹰和雕的尾部长羽。早年间，印第安人没有武器，要捉到巨型猛禽非常不易。鹰羽便代表着积攒战功的久远时间，代表着非凡的勇气和好运气。要完成一顶美轮美奂的鹰羽冠，往往需要勇士们奋斗很多年。在印第安人所有的重要场合，酋长都会佩戴着鹰羽冠，以昭示天命和威严。

贝壳，是情感的保护者。

珠子和玻璃小球，意指梦幻、创意、魔力和转变。

多年前我阅读 19 世纪一位人类学家深入北美印第安部落的手札，他说不明白当地土著为什么对不值几个钱的玻璃珠子颇为青睐，不惜用十张珍贵的毛皮换取不值几文钱的珠子，吃了大亏还喜笑颜开如获至宝。我也不解，心想印第安人可能对珠子情有独钟吧。现在明白了，这位印第安男人的妻子，或许正在编织着一个超凡入圣的捕梦网，为他们即将诞育的婴童。

植物的种子，代表着潜力和创造。

捕梦网的外环，如果是单圈，代表的是能力。如果是双圈，代表

平衡。如果是三圈，象征着身体、精神、灵魂的统一。还有人说，圈越多，法术越大，更多的圈有镇静、平衡、减压、自控、智慧和爱的能力。

我却陡地生出疑心，疑惑这后来在更多圈上所附会的意义，是现代人面对困境无可奈何的求祈。想当年密林和旷野中自在生活的印第安人，应该没有如许多的烦闷，需要一层又一层的圈圈来保护。

麦克默瑞堡的朋友们想得很周到，夜里去看北极光，白日怕我们闲得无聊，就安排大家学做捕梦网。老师是娴雅的当地女士，为我们早早备下了原材料，围坐在小桌旁，手把手地开始教授。每人得到直径约十五厘米大的金属圆环，还有几米长的紫色皮绳，一团钓鱼线，一些散落的珠子贝壳，当然了，最重要的是要有羽毛。只是我们要做的捕梦网很小，加之为了环保，不能用大型猛禽类的羽毛。我们用的羽毛细而软，像是鸡或鹅的毛，至多是火鸡的毛。

窗外大雪飘飘。端坐在椅子上，轻触精巧的小剪刀和圆圆胖胖的胶水瓶，突然忆起了小时候做手工时的情形。有多少年了，我们不再有闲情逸致动手做玩具，不想却在这异国他乡的漫天飞雪中，用古老的印第安人方式，为自己编织祝福。

经过将近两个小时的劳作，捕梦网编好了。手执古老圣物的现代缩小版，望窗外越发紧密的雪花，思绪飞到北美印第安人的身世上。

印第安人，是对除因纽特人以外的所有美洲原住民的统称。两万多年前，他们就已在这片土地上繁衍生息。印第安人的祖先，是由亚洲跨越白令海峡到达美洲的亚洲蒙古利亚人的后裔。他们自给自足生活了千万年，直到15世纪末，欧洲殖民者乘着船，一拨拨来到这里。

意大利航海家哥伦布航行至美洲时，误以为所到之处为印度，因此将此地的土著居民称作“印度人”。后人虽然发现了哥伦布的错误，但是原有称呼已经普及，就以讹传讹了。在英语和其他欧洲语言中，称印第安人为“西印度人”，称真正的印度人为“东印度人”。不过我在危地马拉和一位当地印第安人交谈，他有另外的说法。他说当时登陆的殖民者问：“这是哪儿？”

土著居民当然听不懂，以为问的是：“你是谁？”

他回答“印第安”，意思是——“我叫作安”。

这注定是一场灾难的开端。殖民者的长枪利炮，阻断了印第安人原有的社会发展进程，掠夺与屠杀给印第安人带来毁灭性的打击。到20世纪初，北美印第安人拥有的土地几乎被剥夺殆尽。

考古发掘至今没有在美洲发现类人猿和直立猿之类的人类近亲遗迹，印第安人的祖先本在亚洲。在最后一个冰河时代，那时的西伯利亚和阿拉斯加之间的白令海峡海面没有现在高，露出水面的陆地形成了一座连接亚洲和北美洲的桥梁。一些亚洲居民从白令海峡路桥进入了美洲。他们在新的大陆上，定居于最热的赤道到最冷的高山河流之畔。狩猎、钓鱼，种植、繁衍……我们今天能看到的，只有印第安人留下的古代文明遗址。他们培育了玉米、马铃薯，建造了高大的神庙，留下了在今天难以解释的文字，形成独特的印第安文明。

在被驱逐与被征服的过程中，印第安人与殖民者进行了英勇斗争。在力量对比十分悬殊的情况下，战斗持续了几个世纪。在土地沦丧、种族灭绝的最后，一位印第安酋长发出绝望的诅咒："你们白人永远不会安宁，你们永远会感到有人跟随，因为这是我们的土地，即使你们占领了这里，我们祖先的灵魂仍将充斥着这里的大街小巷……"

酋长戴着鹰羽冠，鹰羽在战斗中残破凋零。

回到捕梦网吧。

印第安人可愿以他们古老的法术，来保障恶人的睡眠吗？我问老师。

光有捕梦网的形状是远远不够的，还要下魔咒。老师回答。

我触摸这垂挂着羽毛飘飘欲仙的捕梦网，瞥到那个曾装着各式材料的纸上，赫然印着，"本品供五岁以上孩童使用"。

我明白它和真正的印第安人神器，完全不可同日而语。

长叹一口气。我们只能用这种极为幼稚简单的方法，来断章取义地模仿一个曾经辉煌存在的民族。他们可能制造出数不清的带有魔法的捕梦网，会感天动地口口相传的咒语，但是却无法保障他们的后代和自己的安眠。他们已经淹没在历史的漩涡深处。也许只有在水草萋萋中，他们才能做美丽的梦，好梦顺着羽毛流淌。

后来，我把亲手制作的捕梦网，送给一位年轻的朋友，她失眠甚重，好不容易睡着了，又噩梦连连。我对她讲了有关捕梦网的故事。

她大感兴趣，连连问我，捕梦网张挂在哪儿最好？是床头还是床尾？可以用钉子吗？真有效果吗？

我思忖着说，不要用铁器悬挂，就用一根树枝吧。这更符合捕梦网的原生态。

她又说，捕梦网这么古老，就算从前灵光，它能与时俱进吗？有本事分辨出今天的梦境，什么是美好的，什么是邪恶的吗？如果在升任主管和调到外地去当大区代表，哪一个是善意的梦？哪一个是凶险的梦？在好强的屌丝和纨绔的富二代之间，梦见谁算是噩梦？

我大笑，说，捕梦网哪里管得了这么惊悚的东西？印第安人那会儿，光有网不行，还要在捕梦网边下咒语，这才灵呢。

朋友紧张地问，你可会这咒语？

我说，不会。

朋友失望已极，愁眉苦脸地说，单有捕梦网没有咒语，还是达不到安眠啊。

我说，如何入睡是个心理过程，没有任何一种方法比安宁更催眠的了。最好的方式是在心里织就一张捕梦网，用的材料不是钓鱼线，而是人生的目标坚定和内心的柔和强韧。

第六辑

改变在电光石火间

没有一片叶子是相同的，人也一样，这不同之处就在于我们的心灵。

生命如此百媚千娆，用生命点亮生命，用生命擦拭生命，用生命拥抱生命，都是美好的事。

造心

蜜蜂会造蜂巢。蚂蚁会造蚁穴。人会造房屋、机器，造美丽的艺术品和动听的歌。但是，对于我们最重要最宝贵的东西——自己的心，谁是它的建造者?

孔雀绚丽的羽毛，是大自然物竞天择造出。白杨笔直刺向碧宇，是密集的群体和高远的阳光造出。清香的花草和缤纷的落英，是植物吸引异性繁衍后代的本能造出。卓尔不群、坚忍顽强的性格，是禀赋的优异和生活的历练造出。

我们的心，是长久地不知不觉地以自己的双手，塑造而成。

造心先得有材料。有的心是用钢铁造的，沉黑无比。有的心是用冰雪造的，高洁酷寒。有的心是用丝绸造的，柔滑飘逸。有的心是用玻璃造的，晶莹脆薄。有的心是用竹子造的，锋利多刺。有的心是用木头造的，安稳麻木。有的心是用红土造的，粗糙朴素。有的心是用黄连造的，苦楚不堪。有的心是用垃圾造的，面目可憎。有的心是用谎言造的，百孔千疮。有的心是用尸骸造的，腐恶熏天。有的心是用眼镜蛇唾液造的，剧毒凶残。

造心要有手艺。一只灵巧的心，缝制得如同金丝荷包。一罐古朴的心，醇厚得好似百年老酒。一枚机敏的心，感应快捷电光石火。一颗潦草的心，门可罗雀疏可走马。一摊胡乱堆就的心，乏善可陈杂乱无章。一片编织荆棘的心，暗设机关处处陷阱。一道半是细腻半是马虎的心，好似白蚁蛀咬的断堤。一个绣花枕头内里虚空的心，是假冒伪劣心界的水货。

造心需要时间。少则一分一秒，多则一世一生。片刻而成的大智大勇之心，未必就不玲珑。久拖不决的谨小慎微之心，未必就很精致。有的人，小小年纪，就竣工一颗完整坚实之心。有的人，须发皆白，还在心的地基挖土打桩。有的人，半途而废不了了之，把半成品的心扔在荒野。有的人，成百里半九十，丢下不曾结尾的工程。有的人，精雕细刻一辈子，临终还在打磨心的剔透。有的人，粗制滥造一辈子，人未远行，心已灶冷坑灰。

心的边疆，可以造得很大很大。像延展性最好的金箔，铺设整个宇宙，把日月包含。没有一片乌云，可以覆盖心灵辽阔的疆域。没有哪次地震火山，可以彻底颠覆心灵的宏伟建筑。没有任何风暴，可以冻结心灵深处喷涌的温泉。没有某种天灾人祸，可以在秋天，让心的田野颗粒无收。

心的规模，也可能缩得很小很小，只能容纳一个家、一个人、一粒芝麻、一滴病毒。一丝雨，就把它淹没了。一缕风，就把它粉碎了。一句流言，就让它痛不欲生。一个阴谋，就置它万劫不复。

心可以很硬，超过人世间已知的任何一款金属。心可以很软，如泣如诉如绢如帛。心可以很韧，千百次的折损委屈，依旧平整如初。心可以很脆，一个不小心，顿时香销玉碎。

造心的时候，可以有很多讲究和设计。

比如预埋下一处心灵的生长点，像一株植物，具有自动修复、自我养护的神奇功能。心受了创伤，它会挺身而出，引导心的休养生息，在最短的时间内，使心整旧如新。

比如高高竖起心灵的避雷针，以便在危急时刻，将毁灭性的灾难导入地下，耐心等待雨过天晴。

比如添加防震防爆的性能，在心灵遭受短时间高强度的残酷打击下，举重若轻，镇定地维持蓬勃稳定。

比如……

优等的心，不必华丽，但必须坚固。因为人生有太多的压榨和当头一击，会与独行的心灵，在暗夜狭路相逢。如果没有精心的特别设计，简陋的心，很易横遭伤害一蹶不振，也许从此破罐破摔，再无生机。没有自我康复本领的心灵，是不设防的大门。一汪小伤，便漏尽全身膏血。一星火药，便可烧毁绵延的城堡。

心为血之海，那里会聚着每个人的品格智慧精力情操，心的质量就是人的质量。有一颗仁慈之心，会爱世界爱人爱生活，爱自身也爱大家。有一颗自强之心，会勤学苦练百折不挠，宠辱不惊大智若愚。有一颗尊严之心，会珍惜自然善待万物。有一颗流量充沛羽翼丰满的心，会乘上幻想的航天飞机，抚摸月亮的肩膀。

造心是一项艰难漫长的工程，工期也许耗时一生。通常是母亲的手，在最初心灵的模型上，留下永不消退的指纹。

所以普天下为人父母者，要珍视这一份特别庄重的义务与责任。

当以我手塑我心的时候，一定要找好样板，郑重设计，万不可草率行事。造心当然免不了失败，也很可能会推倒重来。不必气馁，但也不可过于大意。因为心灵的本质，是一种缓慢而精细的物体，太多的揉搓，会破坏它的灵性与感动。

造好的心，如同造好的船。当它下水远航时，蓝天在头上飘荡，海鸥在前面飞翔，那是一个神圣的时刻。会有台风，会有巨涛，但一颗美好的心，即使巨轮沉没，它的颗粒也会在海浪中，无畏而快乐地燃烧。

苍茫之悟

很久以来，面对苍凉的荒漠、迷茫的雪原、无法逾越的高山、浩渺无垠的大海，心胸就被一种异样的激情壅塞，骨髓凝固得像钢灰色的轨道，敲之当当作响。血液打着旋涡呼啸而过，在耳畔留下强烈的回音。牙齿因为发自内心的轻微寒意，难以抑制地颤抖。眼睛因为遥远的地方，不知不觉中渗出泪水……

当我十六岁第一次踏上藏北高原雪域，这种在大城市从未感受的体验从天而降。它像兀鹰无与伦比的巨翅，攫取了我的意志，我被它君临一切的覆盖所震惊。它同我以前在文明社会中所有的感受相隔膜，使我难以命名它的实质，更无法同别人交流我的感动。

心灵的盲区，语言的黑洞。

我在战栗中体验它博大深长的余韵时，突然感悟到，这就是苍茫。

宇宙苍茫，时间苍茫，风雨苍茫，命运苍茫，历史苍茫，未来苍茫，天地苍茫，生命苍茫。

人类从苍茫的远古水域走来，向苍茫的彼岸划着小舟，与生俱来的孤独之感永远尾随鲜活的生命，寰宇中孤掌难鸣，但不屈的精灵还是高昂起手臂，仿佛没有旗帜的旗杆，指向苍穹……

痛苦的人生，没有权利悲哀；苍茫的人生，没有权利渺小。

非血之爱

爱，有无数种分类法。我以为最简明的是——以血为界。

一种是血缘之爱，比如母亲之爱亲子，儿子之爱父亲，扩展至子孙爱姥姥姥爷爷奶奶，亲属爱表兄表弟堂姐堂妹……甚至爱先人爱祖宗，都属于这个范畴。

还有一种爱在血外，姑且称为——非血之爱。比如爱朋友，爱长官，爱下属，爱动物……最典型的是爱自己的配偶。

血缘之爱是无法选择的，你可以不爱，却不可能把某个成员从这条红链中剜除。一脉血缘在你诞生之前许久，已经苍老地盘绕在那里，贯穿悠悠岁月。血缘之爱既至高无上又无与伦比的沉重，也充满天然的机缘和命定的随意。它的基础十分简单，一种名叫“基因”的小密码，按照数学的规律递减着，稀释着，组合着，叠加着，遂成为世界上最神圣最博大的爱的基石。

非血之爱则要奇诡神秘得多。你我原本河海隔绝，天各一方，在某一瞬间，突然结成一体，从此生死相依，难道不是人世间最司空见惯又最不可思议的偶然吗？无数神鬼莫测的巧合混杂其中，爱与恨泥沙俱下无以澄清。激情在其中孕育，伟大与卑微交织错落。精神与人格，在血之外的湖泊中遨游，搅起滔天雪浪，演出无数悲欢离合的故事……爱恋的光谱，比最复杂的银河外星系轨道，还难以预计。

血缘之爱使我们感知人间最初的温暖与光明，督我们成长，教我们成人。它是孤独人生与大千世界的脐带，攀缘着它，我们一步步长大，最终挣脱它的羁绊，投入非血之爱。然后我们又回归，开始血缘之爱新的轮回。

血缘之爱是水天一色的淳厚绵长，非血之爱更多一见钟情的碰撞和百折千回的激荡。

血缘之爱有红色缆绳指引，有惊无险，经历误会挫折，多能化险为夷，曲径通幽。非血之爱全凭暗中摸索，更需心灵与胆魄烛照，在苍莽荒原中，辟出人生携手共进的小径。非血之爱，使每个人思考与成长，比之循规蹈矩的血缘，更考验一个人的心智。

爱一个和你有血缘关系的人，是一种本能，一种幸福，一种责任，一种对天地造化的缠绵呼应。

爱一个和你没有血缘关系的人，是一种需要，一种渴望，一种智慧，一种对美与永恒的无倦追索。

我们的一生，屡屡在血与非血的爱中沐浴，因此而成长。

生当做瀑布

世界上百分之八十的峡湾在欧洲，而欧洲的峡湾主要在北欧，北欧的峡湾则主要在挪威。峡湾的英文名是 Fiord，有时特指的就是挪威的峡湾。

挪威南部的大西洋海岸线呈不寻常的曲折，多条宽阔的“海流”蜿蜒伸展到内陆达一百五十公里以上。峡湾的水非常深，一般都在几百米，最深达到一千二百米！两岸的山峰动辄也是千米高，万丈绝壁紧紧钳住一泓蓝水，这水还会随着潮汐一呼一吸，是不是有一种诡异的壮观？

峡湾里瀑布之多到了令人眼花缭乱的程度，可以说千米之内必有瀑布，常常是一眼望去，三四条瀑布同时跌落九天，细者如银丝，粗者如白绫。从北部的瓦伦格峡湾到南部的奥斯陆峡湾，车行之处，无数大小瀑布如万马奔腾。一条接一条，呼啸着喧哗着溅入峡湾，构成烟雨迷离彩虹飞架的仙境。

如果我是水，做哪里的一滴水呢？做藏北高原狮泉河的一滴水吗？那里太冷了。做大海中的一滴水吗？海啸壁起的时候，杀人夺命，造孽深重。做黄河中的一滴水吗？虽然历史久远，然携带泥沙太过劳累，不得休息。做南极的一滴水吗？虽然洁净，但万古不化的寂寞，也令人怅然。

思前想后，最后做了一个决定——生当做瀑布。瀑布的前身是小溪，无拘无束地跳跃和畅流。小溪们会聚在一起，就长了能耐和勇气。人多力量大，水丰好办事。同心协力找到腾空而下的山岩，嘻嘻哈哈地纵身一跃，快乐地自高处跌下。水珠们拿着大顶叠着罗汉，倒栽葱地撞向深处，被风扯出透明的旗帜，在飞翔中快乐地撒欢。

瀑布没遮拦地降到了谷底，反倒安静了，变成了一汪小小的泉。如果有幸在挪威做了瀑布，通常不会旅行太远的行程，就被峡湾收编了去，成为海的一部分。

如果我是一滴水，纵是一滴普通的水，也希冀着跌宕起伏和波澜壮阔，也渴望游弋和携手，那就做一次瀑布吧。

闭阖星云之眼

青年时代，我曾经有一段时间是一个悲观主义者，这也许是和我在西藏高原的经历有关。高原太辽阔了，人力太渺小了。雪峰太久远了，人生太短暂了。有时真是生出无尽的悲哀，觉得奋斗有什么用呢？百年之后，不还是一抔黄土？一个人的力量太微薄了，太平洋不会因为一杯沸水的倾倒而升高温度，这杯水却永远地消失了。

后来，我知道这种看世界的角度，被哲学家称为“银河”或“星云之眼”。从这个位置来看，我们和目所能及的所有生物都是微不足道的，一切奋斗都显得荒凉和愚蠢，结局和发展都充满了不可言说的荒谬。一个人，和一只蚂蚁、一条蛆虫没有任何分别。从星云和银河的角度来看，人类轻渺如烟、无足挂齿。

这只眼振振有词，在逻辑上几乎是无懈可击的。你若真要遵循了这只眼的视角，会从根本上使生命枯萎凋落。

一些好高骛远的人，在遭受失败的时候，会拾起这只眼为自己开脱。因为所有的努力和不努力都混为一谈，他的失败也就顺理成章。一些胸无大志的人，在沉沦和荒靡的时刻，会躲在这只眼后面为自己寻找借口。因为一切都在虚无中，他的荒废光阴也就有了理论支点。一些游戏人生放弃光明的人，在黑暗中也眨巴着这只眼，似乎一切都是梦，清醒和昏迷并无分别……

不要小看了这看似遥远而又神秘的星云之眼，如果你长期用这只眼注视世界，就会不由自主地灰心丧志。持久地沉浸其中，还有可能放弃生命。当我们从生活中抽离，成为袖手旁观者时，所有世俗的欢快和目标，就变得轻如鸿毛。

闭阖星云之眼吧，因为那不是你的位置，那是神的位置。摒弃那高处不胜寒的孤寂，回到充满生机又复杂多变的人间吧。僭越是危险的，我们今生为人，是一种福气。珍惜我们明察秋毫的双眼，可以仰视星空，却不要让自己轻飘飘地飞起来，到达星云的高度。那里，据说很冷，很黑，很荒凉。

那些让我们感到有内涵、有勇气、有坚持力的人，我坚信他们是有理想的。人很怪，只有理想这种东西，才能够提供源源不断的动力。

像烟灰一样放松

记得我当新兵实弹射击，九发子弹打了八十一环，勉勉强强算个优秀。我第一发子弹就打偏了，是个七环。打完后看到靶纸，那个七环的位置，正好是在人像头部太阳穴附近。我说，哎呀，我这枪法尚可嘛，这一枪打过去，便可以致敌死命，为什么只给七环？连长说，你瞄的是哪里？我说，是胸膛。连长说，你瞄的是胸，却打到了脑门上，给你个七环就不错了。

近年结识了一位警察朋友，好枪法。不单单在射击场上百发百中，更在解救人质的现场，次次百步穿杨。当然了，这个“杨”不是杨树的杨，而是匪徒的代称。我问他从哪里来的这份神功，他答非所问说，我从来不参加我学生的葬礼。我以为他是怕伤感，便自以为是地说，参加自己学生的葬礼，就有了白发人送黑发人的凄楚吧。他听了我的猜测，很不屑地说，不是那个意思。你既然当了我的学生，就不应当死在歹徒的枪下。所以，我不参加学生的葬礼，原因有二,一是他们之中至今还一个都不曾死；二是如果他们死了，就不是一个好射手，我不认他做学生。

我笑着说，以我的枪法，肯定在第一枪的时候就被杨树打死了。于是我向他请教射击的要领。他说，很简单，就是极端的平静。我说这个要领所有打枪的人都知道，可是做不到。他说，记住，你要像烟灰一样松散。只有放松，全部潜在的能量才会释放出来，协同你达到完美。

他的话我似懂非懂，但从此我开始注意以前忽略了的烟灰。烟灰，尤其是那些优质香烟燃烧后的烟灰，非常松散，几乎没有重量和形状，真一个大相无形。它们懒洋洋地趴在那里，好像在冬眠。其实，在烟灰的内部，栖息着高度警觉和机敏的鸟群，任何一阵微风掠过，哪怕只是极清淡的叹息，它们都会不失时机地腾空而起驭风而行。它们的力量来自放松，来自一种飘扬的本能。这些本身没有结构，没有动力，可以说是微不足道的粉末，在某一个瞬间却驾驭能量，飞向远方。

松散的反面是紧张。几乎每个人都有过由于紧张而惨败的经历，比如，考试的时候，全身肌肉僵直，心跳得好像无数个小炸弹在身体的深浅部位依次爆破。手指发抖头冒虚汗，原本记得滚瓜烂熟的知识，改头换面潜藏起来，原本泾渭分明的答案变得似是而非，泥鳅一样滑走……面试的时候，要么扭扭捏捏不够大方，无法表现自己的真实实力，要么口若悬河躁动不安，拿捏不准问题的实质，只得用不停的述说掩饰自己的紧张，适得其反……嗨，恕我就不一一列举悲惨的例子了，相信每个人都储存了一大堆这类不堪回首的往事。

原因清楚了，就是因为紧张。前段时间看歌手大奖赛的素质考核，有的问题真是很简单，我相信歌手如果不紧张，是一定可以回答出来的，可排解不掉的紧张毁了他。频频听到那位笑容可掬的考官说：你是太紧张了，如果你放松一点就好了，就可以回答出来了。

谁都知道放松，可又有几个人能够收放自如？于是种种研究放松的方法层出不穷，但越来越多的人依然生活在紧张之中。社会是紧张的，节奏是紧张的，生活是紧张的，对话是紧张的，步伐是紧张的……现代的人们在紧张中已然迷失得太久，忘记了放松是一份怎样的惬意。

放松其实不仅仅是惬意，更是一种智慧高度发达的表现。伟大的弗洛伊德最重要的发现，是找到了我们灵魂的地下室，那就是强大的潜意识。你不仅是在清醒的理智的状态下意识到的那个“你”，你更是祖先无数经验的整合，你的肌肉你的神经，你的牙齿你的骨骼，你的感官你的血脉，都有源远流长的记忆和潜能。它们是谦逊和寂寞的，如果你强大的理性君临一切，它们就卑微地匍匐着，喑哑了自己的声音。只有在高度放松的时刻，注意啊，这种放松可不是放任不管，而是一种运筹帷幄的淡定，是一种对自我高度信任的沉静，大智若愚无为而治，你的潜能就秣马厉兵地活跃起来。它们默契地配合着，如同最精准的仪器，迅速地整合模糊混乱的信息，去粗取精去伪存真，风驰电掣地得出一个最佳的组合，然后不由分说地付诸实施。

于是我明白了，我的警察朋友在瞄准杨树的时候，就是处在这样的幽远而辽阔的松弛之中——烟灰一样松散。不久，我给他找了个有异曲同工之妙的伙伴。

德国发生了一桩血案。一个十九岁的小伙子，没能通过毕业考试而留级一年。第二年 2 月，因为伪造医生的假条以逃避期末考试，被校方发现，把他开除了。他满腔怒火，一心要报复学校。他戴着恐怖的面具，一手握着一支手枪，一手拎着连发猎枪，闯进学校，见人就打，主要是瞄准老师，他觉得是他们让他蒙受了羞辱。在二十分钟的疯狂射击中，他的手枪共打出了四十发子弹，将十七人打死，其中有十三名老师。他还有大量的子弹，足够把数百人送进坟墓。这时候，他的历史老师海泽先生走过来，抓住他的衬衣，试图同他说话。这个血洗了母校的学生认出了他的老师，他摘掉了自己的面具。海泽先生叫着他的名字说，罗伯特，扣动你的扳机吧。如果你现在向我射击，那就看着我的眼睛！那个杀人杀红了眼的学生，盯着海泽先生看了一会儿，缓缓地放下了手枪，说，先生，我今天已经足够了。

后来海泽先生把凶手推进了一间教室，猛地关上了门，上了锁。此后不久，凶手在教室里饮弹自杀。

这是另一个有关射击的故事，凶险而血腥。我惊讶那位海泽先生的勇敢，更惊讶他在这种千钧一发之时所说的话。

请看着我的眼睛扣动扳机。海泽先生对自己的眼光，一定有着充分的自信。在手无寸铁的情况下，他使用了自己的眼光。如果是我，可能会躲起来，即便是站出来阻止，也会挥舞着门板或是桌椅之类的掩体……总之，我可能会有一千种方式，但我想不到会说——请你看着我的眼睛。

没事的时候，看看烟灰吧。它们曾经是火焰，燃烧过沸腾过，但它们此刻很安静了。它们毫不张扬地聚精会神地等待着下一次的乘风而起，携带着全部的能量，抵达阳光能到达的任何地方。

放松不仅仅是生活的常态，更是物种进化的链条。人们啊，需要常常提醒自己，像烟灰一样放松。放松不是无所事事，不是听天由命，不是随波逐流。放松是一种高度的自信，放松是一种磨炼之后的整合，放松是举重若轻玉树临风。当你放松的时候，你所有的岁月和经验，你所有的勇气和智慧，便都厉兵秣马集合于你内心，情绪就会安然从容，勇气就会源源不断。你不一定能胜利，但你能竭尽全力去参与过程。

心轻者上天堂

埃及国家博物馆有一件奇怪的展品——一方用精美白玉雕刻的匣子，大小和常用的抽屉差不多，匣内被十字形玉栅栏隔成四个小格子，洁净通透。玉匣是在法老的木乃伊旁发现的，当时匣内空无一物。从所放的位置看，匣子必是十分重要，可它是盛放什么东西用的？为什么要放在那里？寓意何在？谁都猜不出。这个谜，在很长一段时间内让考古学家们百思不得其解。后来，在埃及中部卢克索的帝王谷，在卡尔维斯女王的墓室中，发现了一幅壁画，才破解了玉匣的秘密。

壁画上有一位威严的男子，正在操纵一架巨大的天平。天平的一端是砝码，另一端是一颗完整的心，这颗心是从一旁的玉匣子中取出的。埃及古老的文化传说中，有一位至高无上的美丽女性，名叫快乐女神。快乐女神的丈夫，是明察秋毫的法官。每个人死后，心脏都要被快乐女神的丈夫拿去称量。如果一个人是欢快的，心的分量就很轻，女神的丈夫就判那颗羽毛般轻盈的心引导着灵魂飞往天堂。如果那颗心很重，被诸多罪恶和烦恼填满褶皱，快乐女神的丈夫就判他下地狱，让他永远不得见天日。

原来，白玉匣子是用来盛放人的心灵的。原来，心轻者可以上天堂。

自从知道了这个传说，我常常想，自己的心是轻还是重，恐怕等不及快乐女神的丈夫用一架天平来称量，那实在太晚了。呼吸已经停止，一生盖棺论定，任何修改都已没有空白处。我喜欢未雨绸缪，在我还能微笑和努力的时候，就把心上的坠累一一摘掉。我不希图来世的天堂，只期待今生今世此时此刻朝着愉悦和幸福的方向前进。天堂不是目的地，只是一个让我们感到快乐自信的地方。

心灵如果披挂着旧日尘埃，好像浸透了深秋夜雨的蓑衣，湿冷沉暗。如何把水珠抖落，在朗空清风中晾干哀伤的往事？如何修复心理的划痕，让它重新熠熠闪亮，一如海豚的皮肤在前进中把阻力减到最小？如何在阳光下让心灵变得通透晶莹，仿佛古时贤臣比干的七窍玲珑心，忠诚正直，诚恳聪慧，却不会招致悲剧的命运？

我们不是从一张白纸开始自己的心灵健康之旅，背负着个人的历史和集体的无意识。在文化的熏染中长大，它们对我们的影响复杂而深远，微妙而神秘。

精神的三间小屋

面对那句——人的心灵，应该比大地、海洋和天空都更为博大的名言，自惭形秽。我们难以拥有那样雄浑的襟怀，不知累积至那种广袤，需如何积攒每一粒泥土？每一朵浪花？每一朵云霓？

有一颗大心，才盛得下喜怒，输得出力量。于是，宜选月冷风清竹木萧萧之处，为自己的精神修建三间小屋。

第一间，盛放我们的爱和恨。对父母的尊爱，对伴侣的情爱，对子女的疼爱，对朋友的关爱，对万物的慈爱，对生命的珍爱……对丑恶的仇恨，对污浊的厌烦，对虚伪的憎恶，对卑劣的蔑视……这些复杂而对立的情感，林林总总，会将这间小屋挤得满满，间不容发。你的一生，经历过的所有悲欢离合喜怒哀乐，仿佛以木石制作的古老乐器，铺陈在精神小屋的几案上，一任岁月飘逝。在某一个金戈铁马之夜，它们会无师自通，与天地呼应，铮铮作响。假若爱比恨多，小屋就光明温暖，像一座金色池塘，有红色的鲤鱼游弋，那是你的大福气。假如恨比爱多，小屋就阴风惨惨，厉鬼出没，你的精神悲戚压抑，形销骨立。如果想重温祥和，就得净手焚香，洒扫庭院，销毁你的精神垃圾，重塑你的精神天花板，让一束圣洁的阳光，从天窗洒入。

无论一生遭受多少困厄欺诈，请依然相信人类的光明大于暗影。

哪怕是只多一个百分点呢，也是希望永恒在前。所以，在布置我们的精神空间时，给爱留下足够的容量。

第二间，盛放我们的事业。一个人从二十五岁开始做工，直到六十岁退休，他要在工作岗位上度过整整三十五年的时光。按一日工作八小时，一周工作五天，每年就要为你的职业付出两千个小时。倘若一直干到退休，那就是七万个小时。在这个庞大的数字面前，相信大多数人都会始于惊骇终于沉思。假如你所从事的工作，是你的爱好，这七万个小时，将是怎样快活和充满创意的时光！假如你不喜欢它，漫长的七万个小时，足以让花容磨损日月无光，每一天都如同穿着淋湿的衬衣，芒刺在身。

我不晓得一下子就找对了行业的人，能占多大比例？从大多数人谈到工作时乏味麻木的表情推算，估计这样的幸运儿不多。不要轻觑了事业对精神的濡养或反之的腐蚀作用，它以深远的力度和广度，挟持着我们的精神，以成为它麾下持久的人质。

适合你的事业，不靠天赐，主要靠自我寻找。这不但是因为相宜的事业，并非像雨后白桦林的菌子一样，俯拾即是，而且因为我们对自身的认识，也是抽丝剥茧，需要水落石出的流程。你很难预知，将在十八岁还是四十岁甚至更沧桑的时分，才真正触摸到倾心的爱好。当我们太年轻的时候，因为尚无法真正独立，受种种条件的制约，那附着在事业外壳上的金钱地位，或是其他显赫的光环，也许会灼花了我们的眼睛。当我们有了足够的定力，将事业之外的赘生物一一剥除，露出它单纯可爱的本质时，可能已耗费半生。然费时弥久，精神的小屋，也定需住进你所爱好的事业。否则，鸠占鹊巢，李代桃僵，那屋内必是鸡飞狗跳，不得安宁。

我们的事业，是我们的田野。我们背负着它，播种着，耕耘着，收获着，欣喜地走向生命的远方。规划自己的事业生涯，使事业和人生，呈现缤纷和谐相得益彰的局面，是第二间精神小屋坚固优雅的要诀。

第三间，安放我们自身。这好像是一个怪异的说法，我们自己的精神住所，不住着自己，又住着谁呢？

可它又确是我们常常犯下的重大失误——在我们的小屋里，住着所有我们认识的人，唯独没有我们自己。我们把自己的头脑，变成他人思想汽车驰骋的高速公路，却不给自己的思维，留下一条细细的羊肠小道。我们把自己的头脑，变成搜罗最新信息网络八面来风的集装箱，却不给自己的发现，留下一个小小的储藏盒。我们说出的话，无论声音多么嘹亮，都是别的喉咙嘟囔过的。我们发表的意见，无论多么周全，都是别的手指圈画过的。我们把世界万物保管得好好，偏偏弄丢了开启自己的钥匙。在自己独居的房屋里，找不到自己曾经生存的证据。

如果真是那样，我们精神的小屋，不必等待地震和潮汐，在微风中就悄无声息地坍塌了。它纸糊的墙壁化为灰烬，白雪的顶棚变作泥泞，露水的地面成了沼泽，江米纸的窗棂破裂，露出惨淡而真实的世界。你的精神，孤独地在风雨中飘零。

三间小屋，说大不大，说小不小。非常世界，建立精神的栖息地，是智慧生灵的义务，每个人都有如此的权利。我们可以不美丽，但我们健康。我们可以不伟大，但我们庄严。我们可以不完满，但我们努力。我们可以不永恒，但我们真诚。

当我们把自己的精神小屋建筑得美观结实，储物丰富之后，不妨扩大疆域，增修新舍。矗立我们的精神大厦，开拓我们的精神旷野。因为，精神的宇宙，是如此的辽阔啊。

改变在电光石火间

一本书，就是一群念头的菜园子。作者只是种菜的老农，把自家的西红柿萝卜种出来之后，便不知它们将走向何方，有何际遇。而那些念头走街串巷，深入千家万户，走得更远。它们是一个个陌生人，却能很轻易地走进许多人的心灵。

因此，我相信，一定有一本书，藏在远方。它是我们的至交，它的肚腹中藏着一句话，有可能改变我们精神世界的架构，进而影响我们的行为方式，最后甚至扭转我们的人生轨迹。

为什么看似单薄甚至不堪一击的书本，却在某种程度上很容易改变我们呢？因为，你不是作者，对书没有戒心。

在接受理念的时候，太尊敬和太叛逆，都不是好事。太尊敬了，就隔着一道天堑，觉得彼此的境况可比性太差，适用于你的不应适用于我，甚至是肯定不适用于我，于是被尊敬引到另外的岔道上。至于太叛逆的时候，那是谁的话都听不进去，灵魂的抽屉已塞得满满，没有空隙再放入一张 A4 纸。只有当我们漫不经心的时候，所有的警戒都已放下，懒散着，安全地翻着书页，润物细无声的改变反倒容易发生。

人在放松的时候，潜意识就像池塘里的小鱼，快乐地游动起来。

而人们的绝大部分生活正是受着潜意识的控制，潜意识有时比我们的意识还要健康。它善良、聪敏、不墨守成规，不故步自封，甚至也不自卑。它更能分辨什么是对这具躯体有用、有好处的东西。

当你和书交流时，你就是放松的。当书中的某一句话，在不经意之间和你的潜意识发生轻轻碰撞的当儿，有一些很重要的你未曾意识到的改变，就在电光石火中产生了。

跋 · 创造的秘密等待发芽

《女生，我悄悄对你说》《男生，我大声对你说》出版后很多人喜欢，作者接受了一些媒体的专访。中国青年出版社的编辑整理了访谈，附录于此，以飨年轻的朋友们。

新著为青年朋友量身而作

问：新著一大亮点是把男生与女生区分开来，书名很特别。为什么一个是“悄悄”，另一个是“大声”呢？

答：对女生来说，平时听过很多大声说的话，但有一些贴心的话、商量的话，还是要“悄悄”地说。其实对男生也应是这样，不过男女生还是有点区别啊。相比较而言，就“大声”地对他们说吧。声音是有大小上的区别，但文字是没有声音的，可以说都是安静的，思考需要凝神静气。希望能通过这种方式，与青年朋友们倾心交谈。过去我出版的书，一般都是给成年人看的，书籍的装帧取沉稳、凝重的版式比较多，这本书既然是同非常年轻的朋友们交流，就尝试了新的风格，在我来讲，还真的有些不习惯呢。

问：新著中有许多漂亮的插画，到底是出于怎样的考虑呢？

答：插画符合现代年轻人的审美趣味，不过它的历史也很古老，甚

至比文字更古老，比如上远古的岩画。阅读文字是需要思考的，有时我们读到一段文字，心有感触，可能会有片刻的调整和停顿，优美的插画就能调整阅读节奏，和文字相得益彰。有时，甚至比文字更打动人心。不过，书还是文字为主，有点像服药的胶囊。在彩色的外表下真正起作用的，还是内在的思想颗粒。

问：两部新著中有大量鲜活的案例，让青少年读者产生强烈共鸣。这些案例是怎样搜集到的呢？

答：很多年轻朋友都很信任我，会与我分享他们的故事。我也曾面向普通民众开过几年心理诊所，有很多年轻人过来跟我谈他们的感情和生活。感谢他们的信任！他们把内心隐秘的角落对我敞开，这就是故事的主要来源。不过，书中都作了技术处理。读者不会在茫茫人海中找到故事的主人公，这些故事都有一定的典型性，希望在这种分享中大家共同成长。

大树小草，不分高下

问：在素材的选择上，您是怎么把握的？

答：性别不可选择，也不可改变。有时，人会因为性别感到某种

压力。在传统观念里，男生一定要有担当、勇敢；女生会因男尊女卑的残留偏见遭受一些歧视。对于自己的性别，很多人都曾有过感叹。我希望，我们都接纳自己的性别，热爱自己的性别，不要扭曲，不要处在分裂的状态下。对于我们不能改变的东西坦然接受，发现美好的部分，让人生更有意义。

问：您觉得什么样的女生和男生是完美的？

答：人性中的善良、光明，性格中的勇气、担当，对于他人的慈悲和关爱，不分男女，希望每个人都具备。大自然中有高耸的树木，也有低矮匍匐的小草，但生命并不分高下。放眼自然界的生物，万千种类都有所不同，男生女生自然也不同。保有自身性别上的特质，把本身的优点发挥到极致，生命活出光彩，变得赏心悦目。希望男生和女生都能有这样的发展。

问：对于当下年轻人中出现的“女汉子”、“伪娘”现象，您怎么看？

答：想成为什么样的人，每个人心里都有一个模板，最后就成为了那个希望成为的人。世界越来越宽容，个人的选择只要不妨害他人，都可以得到尊重。如果说“女汉子”这个词只是表现为不怕苦不怕累，对事业有担当，勇敢，负责任，这并不是男生专有的美德，女生在保持妩媚柔情的同时依然可以是一个坚定勇敢的人。男生也可以很细腻，会关心人，却依然阳刚十足。如果只是在外表上模仿一个女生，就我个人看法，那他可能是想达到某种目的，比如特别想引人注意。

问：对于年轻人的拜金、炫耀奢侈品等现象，您怎么看？

答：对奢侈品的喜好，实际表达了一种心理诉求：希望你们高看我，希望用某种物质的东西来证明自身的价值。我们不会简单尊崇一件物质的东西，中华民族拥有这么古老的文化传统，我们会简单地去尊崇一个包、一块表吗？不会。引发我们崇敬的，只能是优秀的品德。以德服人从而得到他人尊重，是要做出漫长努力和付出很大辛劳的。也有可能你努力付出了，却没能得到尊重。有些人投机取巧，想通过一个购买一个高价格的东西来博得他人的尊重。这个策略偶尔奏效，却不会长久。再比如有的年轻人爱穿带破洞的牛仔裤，这背后是他们希望证明自己饱经沧桑，吃得了苦……这不能说是不对的，但与想达到的目的，有时适得其反，证明了你的幼稚。渴望成长、渴望练达、渴望变成值得信任的人，这样的心理诉求可以理解。年轻是个不断尝试的历程，这种诉求背后有它正面的追求能量。

在困境中要坚守理想，确立目标

问：当下年轻人承受很大压力，许多人或多或少都有些心理问题。您认为当下年轻人面临的最重要的问题是什么？

答：我们处在一个伟大的、正在迅速变革的时代，很多年轻人离开熟悉的家乡，到大城市打拼，面临择业、择偶等一系列问题。年轻是充满朝气的阶段，也充满痛苦和挣扎，迷茫和混乱。尽可能做出正确的决

定，对自己的一生很重要。然而，在这种快速变化的大环境中，缺少可供参考的坐标。

我认为，年轻人首先要确立人生的大目标。没有目标，怎么知道往哪走是正确的呢？就像我在加勒比海乘船航行，搭乘的游轮完全与海岸分离，行至大海中央，四处都是水。如果没有方向，就真的不知道要往何处去。其次，年轻人一定要有自己的理想。人常常被眼前小的困难所羁绊，但如果有理想有方向，所有问题都可以慢慢找到解决方法。只要心中有理想，就不会被暂时的苦痛压得丧失动力。再有一点，就是知行合一，防止“分裂”。说的和想的不一样，想的和做的不一样。对不喜欢的人强颜欢笑，对真正喜欢的人却压抑自己，言不由衷。当今大环境的确给人们造成了很多困扰，但一个人内心所坚持的原则不能轻易改变，改变了就会变得拧巴，就没有真正的快乐和幸福可言。

问：您遇到困难和彷徨时，怎样让自己解脱？

答：年轻时真有觉得熬不过去的时候，都想自杀算了。坚持忍受，之后就觉得没有什么了不起，困境并没有那么可怕。

问：您还有过这么极端的时候呢？

答：我当时一点也不觉得极端。我在大学做演讲时做过一个测验，问在场的人中有多少曾想过自杀，答案是百分之七十的人都曾有过这样的想法。年轻时经历过的事情少，神经又特别敏感，碰到艰难时就会觉

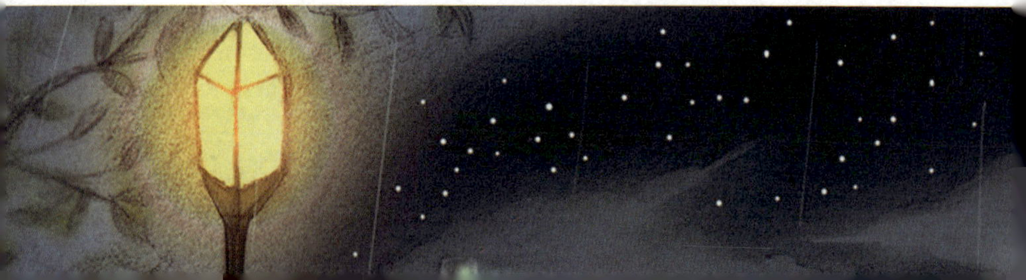

得熬不过去，想到要逃避，而其中一了百了的逃避方式就是结束生命。目的是想把自己从苦难中解救出来，其实是彻底沉入黑暗了。后来明白了，世界上没有什么困难是需要我们用结束生命的方式来躲过去的，人生宝贵，年轻值得珍惜，那些困境只要坚持就会过去。人生的价值与生俱来，不会因为某一个人的肯定或否定才有理由活下去。当把这些都想明白之后，痛还是痛，苦还是苦，但就不会放弃希望，才有可能迎来转机。

最后，我想要对年轻的朋友们说：

——蓝天下的女孩儿，在你纤细的右手里，有一粒金苹果的种子，所有人都看不见它，唯有你知道它将你的手心炙得发痛。握紧你的右手，相信它会长成一棵会唱歌的金苹果树。

——在每个男孩的生命里，都有一个关于创造的秘密，等待着被发现。那将是你的第二次诞生。你一定要相信，在你的身体里，有一颗种子，日复一日地盼望着阳光。

毕淑敏

2016.8.16 北京

（京）新登字 083 号

图书在版编目（CIP）数据

男生，我大声对你说 / 毕淑敏著 .—2 版（修订本）.—北京：中国青年出版社，2016.10
（青春读书课）
ISBN 978-7-5153-4450-8

I. ①男… II. ①毕… III. ①散文集 - 中国 - 当代 IV. ① I267

中国版本图书馆 CIP 数据核字（2016）第 206358 号

男生，我大声对你说

毕淑敏 著

策　　划：李钊平
责任编辑：李钊平　彭慧芝
内文插图：LOST7　李丹妮
装帧设计：今亮后声 HOPESOUND pankouyugu@163.com
出版发行：中国青年出版社
社　　址：北京东四十二条 21 号
网　　址：www.cyp.com.cn
编辑中心：010-57350371
营销中心：010-57350370
印　　装：鸿博昊天科技有限公司
经　　销：新华书店
规　　格：880 mm × 1230 mm　1/32
印　　张：9
字　　数：200 千
版　　次：2014 年 1 月北京第 1 版
　　　　　2016 年 10 月北京第 2 版
印　　次：2016 年 10 月北京第 1 次印刷
印　　数：68001-73000 册
定　　价：32.00 元